# 통역사 엄마의 통하는 영어

## 말문이 트이는 놀이 영어

프롤로그_영어와 인생을 연결하는 순간                    006

## 1장. 영어를 대하는 우리의 마음

토토리맘에게 영어란 무엇일까?                              012

내 아이가 영어를 잘하면 '왜' 좋을까?                         014

모국어를 잘하면 외국어도 잘할까?                            016

상상력과 사고력이 외국어의 '힘'을 기른다.                     017

영어를 배우는 것이 즐거움이 되어야 하는 이유                  019

〈에피소드. 극과 극이었던 상해 국제유치원〉                    022

엄마로서 깨달은 것, "언어는 놀이다."                          031

〈에피소드. 토토리와 친구들〉                                 035

아이는 닮고 싶은 사람의 언어를 가장 빨리 배운다.               037

## 2장. 집에서 영어 가르치기 노하우

오디오를 적극 활용하자                                      040

〈에피소드. 토토리맘의 어린 시절〉                             044

부모의 목소리로 영어책을 읽어주자                            047

| | |
|---|---|
| 프리토킹을 할 순 없어도 '영어책'으로 보완할 수 있다 | 050 |
| 〈에피소드. 애벌레가 나비가 되는 이야기〉 | 052 |
| 영어책이 가져다 주는 효과 | 053 |
| 부모의 태도가 영어학습 성공을 좌우한다 | 055 |
| 집에서도 충분히 영어를 가르칠 수 있다는 자신감을 갖자 | 057 |
| 영어를 즐기는 아이로 만드는 학습의 세 가지 핵심 기법 | 062 |
| 토토리맘의 놀이 영어 표현들 | 072 |
| 영어를 즐기는 아이를 만드는 심화기법 : 고급표현과 전치사 | 104 |
| 놀이를 통한 영어 학습이 '왜' 중요할까? | 111 |
| 집에서 영어학습 환경 조성하기 | 115 |
| 생활 속에서 자연스럽게 영어를 사용할 기회를 만들어주자 | 117 |
| 다시 고민해보는 부모의 역할 | 121 |
| 〈에피소드. 부모님의 믿음과 자율성〉 | 126 |

## 3장. 오늘도 아이와 함께 영어하기

| | |
|---|---|
| 감사의 표현 | 131 |
| 물어보기의 표현 | 134 |
| 아이의 마음을 헤아리는 표현 | 138 |

학습과 일상 대화의 표현 142

사회적 상황과 친구관계의 표현 146

심화 학습 : 영어책 활용하기 150

심화 학습 : 고급영어 표현 155

심화 학습 : 전치사 활용 158

토토리맘의 팁. 외국인 부모/선생님과 스몰톡 168

토토리맘의 팁. 친구와 영어로 대화해보기 177


에필로그_성장과 연결의 여정 185

도서에 수록된 영어 표현들은 '톳토리맘'의 유튜브 채널에서 직접 발음을 듣고 따라 하실 수 있습니다. 더욱 다양한 생활영어와 아이와 함께 할 수 있는 표현들을 톳토리맘의 유튜브에서 확인해 보세요!

# 영어와 인생을 연결하는 순간

"제가 왜 한국에서 영어를 배워야 하는지 갑자기 이해가 안 돼요."

초등학교 6학년 여자아이의 질문에 사람 좋아 보이는 캐나다인 선생님도 제법 당황스러워하셨다. 그러나 그때, 선생님의 답변이 그 여자아이의 인생을 바꿔 놓았다.

"토리, 영어는 미국이나 캐나다 만의 언어가 아니란다. 영어는 전 세계인이 소통할 수 있는 언어야. 영어를 하면, 모든 나라 사람과 이야기할 수 있고, 또 어디든지 갈 수 있게 되지."

선생님의 답변에 금세 마음이 추슬러진 아이는 그 후로 영어 공부를 계속해 나갈 수 있었다. 비록 선생님의 성함은 잊었지만, 그 온화한 얼굴만은 세월이 흘러도 또렷이 기억난다.

이 작은 경험이 어린 시절의 내가 영어 공부를 포기하고 싶을 때마다 다시 영어를 꿈꾸고, 영어를 즐기며 공부할 수 있는 원동력이 되어주었다. 이처럼 영어 공부를 권유하는 부모나 어른들이 왜 영어를 잘하면 좋은지에 대해 아이에게 설명해 주는 것이 무엇보다 중요하다.

그래서일까? 영어를 업으로 삼고 한 아이의 엄마가 되면서 영어에 대해 조언해 주는 입장에서 벗어나서 아이를 위해 직접 부딪히며 체득한 영어 교육 방법을 공유하고 싶었다. 나아가 어떻게 하면 영어를 즐거워하는 아이로 키울 수 있을지 나만의 방법을 알려주는 책을 만들고 싶었다.

한국인의 평생 숙제로 불리는 영어는 우리나라에서 특별한 위치를 차지한다. 영어를 잘하는 사람을 대단하게 생각하지만 그만큼 영어를 잘하는 사람에 대한 기준도 엄격하다. 또한 방대한 사교육 콘텐츠들을 접하며 눈은 높아지고, 그 콘텐츠들이 제시하는 장밋빛 결과에 마음만 조급해진다. 그러다 보니 높아진 눈과 조급한 마음에 타인의 영어 실력에 대해 굉장히 예민해지게 되는 것이다.

가령 주변에 어떤 사람이 영어를 잘한다고 하면, 그 사람이 하는 조그마한 실수에 '거봐. 외국에서 살다 온 건 아닐 거야. 잘한다고 하지만 완벽하지 않잖아?'라고, 쉽게 치부해 버리는 모습들을 볼 수 있다.

반면, 다른 나라 사람들은 어떨까? 그들에게 영어는 재미있는 실험 도구같다. 이렇게도 문장을 만들어보고, 저렇게도 만들어보면서 아주 여유롭게 영어로 문장을 만들어 이야기한다. 발음이 어떻든 또 문장을 만들다 실수하든 아무 상관 없이 계속 말을 하고, 문장을 만들어 나간다.

대학원 재학 시절, 유럽 국가 출신 동기들의 자신감에 꽤 충격을 받기도 했다. 그들은 '문법이 엉망인데 왜 계속 말하지?' 이런 느낌이 아니라, 자신이 활용할 수 있는 선에서 망설이지 않고, 다양한 문장구조를 활용해서 끝까지 하고 싶은 말을 해냈다. 당연히 개인별 편차는 있었지만, 그럼에도 유창하게 들릴 수밖에 없었다. 원어민 표현을 더 잘 알아서 그렇게 들리는 것이 아니라 하고 싶은 말을 다양한 문장구조로, 다양하게 변형시키며 말하기 때문이다.

여기서 중요한 건 상대방이 문법적으로 조금 틀리더라도 그것을 무시하려는 분위기조차 없다는 것이다. 중요한 건 상대방이 전하고자 하는 메시지라는 사람들의 태도였다. 그래서 작은 문법적 실수는 당당하게 넘어가고 복잡한 문장을 구사해 나가는 것이었다. 유럽인뿐만이 아니라 베트남에서 온 동기도, 나이지리아에서 온 동기도, 막힘없이 영어 문장을 구사하곤 했다. 그들의 유창함은 원어민과 같은 완벽한 발음이나 고급 어휘에서 오는 것이 아니라 자신이 하고 싶은 말을 다양한 방식으로 표현하려는 적극성과, 틀린 문법에 개의치 않고 끊임없이 소통하려는 용기에서 나오는 것이었다. 그들의 영어는 문법 중심이 아닌 '소통 중심'이었다.

우리나라는 문법 중심 영어도 문제이지만, 영어를 자연스럽게 도전할 수 있는 또 다른 언어로 받아들일 수 없는 사회적인 분위기를 가졌다는 것도 '소통 중심'의 영어를 방해하는 요인이라고 볼 수 있다. 그도 그럴 것이, 우리 사회에서 영어는 주로 한 개인의 업무적 역량, 교육적 수준을 평가하는 냉정한 척도로 작용한다. 영어를 자연스럽게 시도해 보고, 활용하면서 틀려도 서로 용인해 주고 써보는 환경이 만들어져 있지 않다. 설사 이러한 환경이 국내에서 조성되었다고 하더라도 특정 환경에서만 제공이 되다 보니 영어를 통한 묘한 특권의식이 자리 잡을 수밖에 없다. 이처럼 우리 사회에 영어 특권의식이 만연하다는 것을 알고 있다 보니, 영어를 대하는 우리의 마음 자체가 편하질 않다. 서로를 비교하고 상대와 비교하여 좌절감을 느끼는 통로가 되어버린다. 영어 자체에는 아무 잘못이 없는데 말이다.

이러한 어른의 마음은 아이에게도 고스란히 전해진다. '우리 엄마는 영어를 싫어하는데 나보고는 왜 하라고 하지?', '우리 아빠는 영어로 말하면 잔뜩 긴장하고 말을 잘 못하는데 나보고는 왜 잘하라고만 하지?'라는 생각이 당연히 들 수밖에 없다. 부모가 아이의 미래에 대해 고민하고 잘되기를 바라는 마음을 아이들도 알고 있지만 동시에 영어에 대해 부모가 느끼는 감정과 긴장감도 고스란히 전달된다.

이 부분에 대해 고민하고 있을 때, 문득 '나를 키울 때, 우리 엄마는 어땠지?'하는 생각이 들었다. 엄마는 정말 다양한 방식으로 나를 영어에 노출시켰다. 어느새, 60대 중반이 된 본인도 나에게 보여줬던 영어 비디오테이프와 학습지, 선생님을 선명히 기억할 정도로 본인에게도 중요한 작업이었다. 그때 엄마는 꼭 우리 딸은 영어를 잘해야 한다고 생각하셨고, 내가 약 9살쯤부터 영어학습지로 첫 영어 교육을 시도하셨다. 당시 우리 집은 지방에서 규모가 제법 있는 식당을 했는데, 식당 안에서도 영어교육 비디오테이프를 틀어놓고 돌아다니곤 했던 기억이 난다. 엄마는 그저 학습지를 통한 교육에 그치지 않고, 미국 어린이들을 위한 교육용 비디오테이프를 구해 식당 안에서 보여주며 엄마도 따라 하는 시늉을 하시곤 했다. 식당을 운영하시며 정신없이 바쁜 때에도 엄마는 비디오 영상을 보여주시면서 본인이 나보다 더 흥미로워하셨고, 재미있는 문장을 소리내 따라 하시곤 했다. 생각해보면 나에게 보여주기 위해 흥미로워하는 척하셨을 수도 있겠다 싶다.

이 책은 그 옛날 나의 엄마처럼 그리고 지금의 나처럼 "어떻게 하면 아이가 더 자연스럽게 영어를 말하게 할 수 있을까?" 하는 고민을 하는 모든 부모와 나누고 싶은 그 고민의 결과물이고, 과정을 공유하는 책이다.

# 1장. 영어를 대하는 우리의 마음

## 토토리맘에게 영어란 무엇일까?

　토토리맘의 어린 시절은 밝음과 어두움이 공존하며 토토리맘에게 희망과 절망을 엎치락뒤치락 가져다준 시간이었다. 경제적인 토양을 단단히 굳혀가고 넓혀가던 어린 시절의 부모님의 모습과 많은 것들이 무너지고 나서의 절망적이었던 부모님의 모습을 곁에서 목도하며 토토리맘도 길고 긴 터널을 지나왔다.
　그 긴 터널을 묵묵히 지나가는 방법이 토토리맘에게는 영어였다. 그 길고 긴 터널 속에서, 나는 영어를 붙잡고 희망을 꿈꿨다. 그때 내게 영어는 현실이 아닌 '또 다른 세계'로 데려다주는 '열쇠'같았다.

　식당을 운영하며 바빴던 엄마였지만, 미국의 어린이 교육용 비디오테이프를 구해서 비디오 속 노래를 함께 따라부르며 놀이처럼 영어 학습을 지도했기 때문이었을까? 그런 엄마의 열정이 나에게 영어는 '즐거운 놀이'라는 인식과 함께 외국에 대한 '호기심'을 심어주었다.

집안 분위기가 어두웠을 때도 나는 컴퓨터 앞에 앉아 채팅으로 외국인 친구들과 대화하며 영어를 연습했다. 그리고 마음 속으로 '이 어둠이 지나면, 나는 세상을 누비는 멋진 사람이 될 거야.'라고 되새기곤 했다. 영어는 절망 속에서 피어난 한 줄기 희망이었다.

그때의 나는 한 편으로는 아무것도 가진 게 없이 느껴져도 영어를 붙잡고 있어서 당당했고, 자신감이 가득했다. 그렇게 영어에 대한 소중한 감정은 계속 남아서 어른이 된 내가 영어를 업으로 삼으며 겪게 되는 힘든 순간들을 극복하는 힘이 되었다.

# 내 아이가 영어를 잘하면 '왜' 좋을까?

대부분의 부모들이 내 아이가 영어를 잘했으면 하지만, 정작 '왜?'라는 질문을 스스로에게 던졌을 때 속 시원히 답이 나오지 않는다. 다들 영어가 중요하다고 하니까, 영어를 잘하면 뭐라도 할 수 있을 것 같아서, 내가 잘하지 못하니까 내 아이라도 잘했으면 하는 것이 대표적인 답변이 될 수 있겠다. 하지만, 이 대표적인 세 가지 답변에는 한 가지가 빠져있다. 바로 '내 아이의 생각'이다.

내 아이가 영어를 잘했으면 좋겠다는 욕망의 저변에는 아이를 위한 명분이 있어야 한다. 단순히 대학에 잘 갈 수 있으니까. 영어 성적이 좋을 테니 라는 생각으로는 아이의 영어 실력을 크게 키워주기 어렵다. 적어도 말하기에 있어서는 말이다. 또한 말하기를 잘하기 위해서는 사실상 독해가 잘 돼야 하고 독해를 가능하게 하는 단어량이 뒷받침되어야 할 것이다.

이런 많은 것들이 뒷받침되게 하기 위해서는 아이가 인내심을 가지고 영어를 연습할 수 있는 저력을 만들어줘야 하는데 그것은 아이의 꿈과 관련되어 있다. 아이의 꿈이 '영어를 잘하는 사람'이 되기는 어렵다. 영어가 아이의 꿈을 더 큰 무대로 보내주는 수단으로 여겨질 때, 아이의 한국인으로서의 자존감과 자신감을 지킬 수 있다.

아울러 부모로서 가장 고민하는 부분은, 아이가 영어를 단순히 학문으로 접근하지 않고 하나의 '즐길 거리'로 받아들이도록 돕는 일이다. 영어에 대해 조급함을 느끼지 않는 환경에서 영어 실력을 가장 잘 발달시킬 수 있다.

간혹, 여러분이 외국에서 살 기회가 있을 때, 여러분은 국제 가정의 아이와 자신의 아이를 비교하게 되기도 한다. 그러나 비교하는 것은 절대 금물이다. 국제 가정의 아이가 자연스러운 영어 환경에 노출되어 있다고 해서, 그것이 그 가정의 아이와 내 아이의 운명을 가르는 기준이 되어선 안 된다. 아이는 자신의 꿈과 목표를 가지고 최선을 다하는 사람으로 자라나는 가운데 영어 실력을 갖춘 한국인으로서 크면 된다.

나는 사회에서 일을 하며 미국, 유럽 등의 여러 나라의 관계자들과 수많은 비즈니스 미팅과 협상 등을 맡았었는데 그럴 때마다 들은 말이 있었다. "영어를 참 고급스럽게 한다.", "영어에 품격이 있다."라는 말들이다. 사실 내가 그들과 같은 원어민이었다면 이런 칭찬이 나오지 않았을 것이다. 영어의 문장에 들어가는 단어와 격조 있는 표현을 훈련했기 때문에 오히려 비원어민으로서의 영어 실력이 눈에 띄는 것이다.

이런 격식 있는 표현을 익힘에 있어서 나는 무작정 원어민을 따라 하려고 하지 않았다. 나는 항상 내 생각을 정확하게 표현하고 논리적으로 이끌어가고 싶었다. 어떤 언어를 하든지 그 점이 가장 중요하다고 생각했다. 이러한 중심을 내 아이에게 심어주는 게 중요하다.

그래야만 어떠한 상황에서도 아이가 자존감을 지키고, 영어로 많은 기회를 얻으며 영어로 자기 생각을 표현할 수 있다.

## 모국어를 잘하면 외국어도 잘할까?

모국어의 발달 여부가 얼마나 외국어 학습에 영향을 미치는가에 대해서는 여러 견해가 존재한다. 또한 언어 간 치환이 유연한 시기가 특정되어 있는지에 대해서도 전문가들의 견해가 상이하다. 그럼에도 모국어의 유창성이 어느 정도 외국어의 유창성에 영향을 준다는 것이 중론이다.

그러나 외국어 학습에는 다양한 요인들이 복합적으로 작용하기 때문에, 모국어 능력이 외국어 습득의 유일한 결정 요소는 아니다. 또한 언어는 남이 주입시킨다고 해서, 기대치만큼 결과가 나오는 영역이 절대 아니다. 무엇보다도 외국어 학습에는 '주도적인 흡수 의지'가 필요하고, '반복적인 연습'이 필요하다.

> ## 상상력과 사고력이
> ## 외국어의 '힘'을 기른다.

    모국어 실력을 떠나서 외국어 학습에 더 중요한 것이 경험적으로 하나 있다고 생각한다. 바로 '세계관을 확장할 수 있는 사고력'이다. 아이에게 영어는 언어 이상의 역할을 한다. 영어를 통해 다른 문화, 다른 관점 그리고 다른 가능성을 접하면서 아이의 세계관은 자연스럽게 확장된다. 이것은 단순히 '영어를 잘해서 뭔가를 해야 한다.'는 식의 목표와는 다르다. 아이가 영어를 통해 새로운 세상을 발견하고, 스스로 동기를 가지는 것이 중요하다.

    이 부분에 대해 내가 경험한 부분이지만 이론적인 근거가 있는지 궁금했다. 나와 비슷한 생각을 이론으로 펼쳐낸 경우가 있는지 찾아보니 전문가들의 이론을 쉽게 찾을 수 있었다. 상상력과 사고력이 언어능력의 전반적인 발전에 기여한다는 논문과 인터뷰 등이 내 생각을 뒷받침해 주고 있었다. 물론 이론이라는 것은 반대의 이론도 있기에 이론일 것이다.

어쨌든 관련 전문가들은 상상력과 사고력이 모국어뿐만 아니라 외국어 능력의 폭발적 발전에 기여할 수 있음을 뒷받침해 준다고 주장하는데 중요한 것은 사고력의 확장과 언어적 표현 의지가 상호작용을 하여 외국어 학습의 성과를 극대화할 수 있다고 한다.

이처럼 단순히 기술적으로 모국어를 잘하는 것이 아니라, 하나의 주제에 대한 세계관을 확장할 수 있는 사고력이 모국어뿐 아니라 외국어에 적용될 때, 외국어가 폭발적으로 발달한다고 볼 수 있다. 이 사고력은 상상력과도 연결되어 있다. 끊임없이 어떤 주제에 대한 나의 세계관이 확장되는 것이다. 이 세계관을 확장하는 의지는 말로 표현하고자 하는 의지와도 연결된다.

단순히 '사과에 대해 설명해 볼래?'라고 했을 때 과연 얼마나 많은 문장이 쏟아져 나올 수 있을까? '사과는 빨갛고, 맛있고, 가을에 납니다. 그리고 우리 가족이 좋아해요.' 정도일 것이다. 그렇다면 '뉴턴이 사과를 떨어뜨린 것은 어떤 의미가 있을까? 그게 너의 삶에 어떤 의미가 있지?'라는 질문에는 수많은 사고가 연결된 답변이 나올 수 있다. 이런 사고력이 모국어로도 익숙하면 외국어로도 시도할 수 있고 그만큼 해당 외국어 능력이 발전할 수 있다.

## 영어를 배우는 것이
## 즐거움이 되어야 하는 이유

영어는 단순한 언어가 아니다. 영어를 통해 아이가 얻을 수 있는 가장 큰 선물은 '꿈꾸는 법'이다. 영어를 배우며 아이는 자신의 꿈이 더 큰 무대에서 펼쳐질 수 있음을 자연스럽게 느끼게 된다. 부모로서 우리가 해줄 수 있는 가장 큰 역할은 아이가 영어를 친구처럼 느끼도록 돕는 것이다.

그렇다. 나이가 들어 간사한 마음에 부모에게 서운한 것만 자꾸 떠오르던 나도, 지금 이 글을 쓰며 나에게 모든 걸 쏟았던 젊은 시절의 엄마가 떠올라 자꾸 울컥한다. 영어는 우리 삶에 밀착된 언어의 영역에 있기 때문에, 나의 영어 실력이 어떻든 간에 아이에게 영어는 즐거운 존재이고, 엄마인 나도 즐겨하고 싶다는 분위기를 주는 게 중요한 것 같다.

이쯤 되면 먹고살기도 바쁜데 그런 것까지 해야 하나 싶다. 우리는 그런 것을 다 해내지 못해서 기관에 보내게 되는 현실에 있는 것도 맞다. 하지만 나는 '그냥 편하게 하세요~'라고 말하고자 이 글을 쓰는 게 아니다. 영어 전문가로서 느낀 아이에게 가장 올바르고, 큰 힘을 주는 방법을 다 같이 해보자는 목표로 이 책을 쓰고 있다.

영어를 배우는 게 왜 기쁨이 되어야 하는 걸까? 영어는 그냥 공부가 아니라 하나의 언어이다.

나는 영어 강의, 영어 통역, 영어 진행을 전문적으로 하는 사람으로서 '언어'와 '말'이라는 것은 '하고 싶어야'하고 '표현하고 싶어야'하는 것이라고 굳게 믿고 있다. 그렇지 않으면 언어를 배울 이유가 없다. 그렇다면 하고 싶고, 표현하고 싶은 대상이 되려면 어떻게 해야 할까? 내가 좋아하고 닮고 싶은 주변의 어른들이 그 언어를 즐겨하고 - 유창성이라는 문제에 부딪히기 때문에 나는 그 부분을 보완하기 위해 영어책을 읽어주는 것을 뒷부분에 방법으로 제시한다. - 최소한 좋아하는 느낌을 주는 것이다.

'아, 내가 제일 사랑하는 우리 엄마가 영어를 좋아하네. 엄마는 영어책을 보며 즐거워하네.' 과연 아이가 이렇게 느끼는 것이 왜 효과가 있을까? 우리 아이들은 순수하다. 그래서 영어책을 읽어주는 엄마를 보며 우리 엄마 정말 멋있다고 생각할 것이다. 어떤 부분이 멋있을까? 발음이 좋은 것에 멋져 할까? 어쩌면 우리는 아이에게 해맑게 엄마랑 아빠는 발음이 안 좋다는 놀림을 당할 수도 있다. 하지만 그때 굴하지 않아야 한다. 발음과 상관없이 영어로 책을 읽고, 이해하고 즐겨하는 모습 그리고 노력하는 모습을 보여준다면 아이는 선명하게 기억할 것이다. 이 모든 것을 어떻게 장담할 수 있을까? 알파벳으로 된 단어를 읽는 것만 할 줄 알

앉던 1960년대생인 우리 엄마는 나에게 영어자료를 보여줄 때 만큼은 유창하게 잘하시진 못했지만, 그 누구보다 당당하고 즐거운 미소로 가득했다. 그런 엄마의 모습이 여전히 선명하게 기억이 난다. 그리고 이 기억이 영어 전문가가 되기까지 영어를 배우며 간혹 무시를 당하거나, 발음으로 공격을 당해도 절대 굴하지 않는 원동력이 되었다.

〈에피소드. 극과 극이었던 상해 국제유치원〉

　토토리아빠 일 때문에 살았던 상하이에서 토토리와 토토리맘은 큰 도전을 했다. 거주했던 지역에는 한인 유치원이 없어서, 중국인 원장님이 운영하는 유치원을 토토리가 3살이 되었을 때부터 보내기 시작했다. 지금 생각하면 정말 어린 아기였는데, 먼 타지에서 아이를 키우며 지쳐 있던 나는 다양한 합리화를 하며 아이를 유치원에 보내기로 마음 먹었던 것 같다.

　1) 사랑은 가득했지만 주입식 이었던 곳
　중국인 원장님은 정말 좋은 분이셨다. 선생님들도 마찬가지로 사랑이 넘치셨고, 마음씨 좋은 분들로 가득한 곳이었다. 1년 정도 아이를 그 유치원에 보내며, 아직은 한국말도 제대로 트이지 못한 아이가 과연 중국어와 영어를 이해하며 견딜 수 있을까 마음 졸인 순간이 많았다.

　수업방식은 다소 고전적이었다. 중국어도, 영어도 기본적으로 페이퍼 기반으로 단어와 표현을 반복적으로 익히는 방식이었다. 사실, '너무 어린 아이에게 이런 방식이 가능할까?'라는 우려가 컸다. 그 와중에도 중국어 기반의 유치원이었기에 아이의 중국어는 내가 생각했던 것보다 빠르게 늘어갔다. 사랑으로 전하는 언어에 아이는 빠르게 반응한다는 것을 느낄 수 있었다. 영어를 담당하는 선생님들도 당연히 아이를 사랑으로 대해 주셨지만, 2가지 낯선 언어에 적응해야 했던 아이의 입장에선 영어는 듣는 귀를 트이는 것만으로도 벅찼을 것이다.

하지만 분명했던 건 영어를 종이로 보고 표현을 반복적으로 외우고, 발음연습을 하는 시간 대비 토토리는 영어를 편하게 받아들이지 못하는 것 같았다. 전형적인 주입식 영어 교육인지라 처음에는 곧잘 따라하던 토토리는 어느새 스트레스를 극심하게 받기 시작했다. 물론, 고작 3살의 너무 어린 아기였다는 점을 간과해서는 안될 것이다.

　　2) 자꾸만 "아니야. 아니야." 라고 하는 토토리
　　그렇게 타국에서 유치원의 도움을 받으며 육아를 시작한 지 약 1년이 되었을 무렵이었다. 처음에는 토토리가 유치원 생활을 잘 적응하고, 친구들과 어울리며 밝게 자라는 모습을 보며 안도했다. 하지만 어느 날부터 토토리가 조금씩 예민하게 반응하기 시작했다. 특히 특정 상황에서 나타나는 행동 변화가 눈에 띄었는데, 이는 단순한 발달 단계의 한 부분이라기보다는 아이의 마음속 깊은 곳에서 뭔가 큰 스트레스를 받고 있는 것이 아닌가 하는 느낌이 들었다.
　　그 행동은 특정 단어에 대해 스스로 말하다가 갑자기 "아니야, 아니야."라고 부정하며 다시 말하고, 또 부정하는 것을 반복하는 것이었다. 처음에는 단순히 아이가 단어를 연습하거나, 어휘력을 키우기 위한 시도라고 생각했다. 하지만 반복되는 행동을 지켜보며 그 이면에 무언가 스트레스를 유발하는 요인이 있다는 것을 어렴풋이 느끼게 되었다. 이런 상황이 반복될수록 토토리의 얼굴에는 초조함과 불안감이 섞인 표정이 나타나곤 했다.

토토리의 마음을 이해하고자 유치원에서 보내주는 영상을 다시 들여다보았다. 영상 속에서 토토리는 다른 아이들과 함께 단어 맞추기 게임을 하고 있었다. 선생님이 단어를 제시하면 아이들이 그에 맞는 단어를 말하는 활동이었는데, 맞으면 "잘했어요!"라고 칭찬해 주고, 틀리면 다시 정답이 나올 때까지 반복적으로 유도하는 방식이었다. 이는 일반적인 유치원의 학습 활동처럼 보였지만, 문제는 이 활동이 반복되며 아이들에게 점점 부담을 주고 있다는 것이었다.

토토리의 경우, 정답이 나올 때까지 계속해서 반복하게 하는 이 활동이 점차 큰 스트레스로 다가왔던 것 같다. 아이의 표정에서 그 심리적 부담감이 드러났고, 토토리는 자신이 틀릴지도 모른다는 불안감 때문에 "아니야, 아니야."라는 말을 반복하며 스스로 스트레스를 해소하려고 했던 것으로 보였다. 아이가 유치원에서 받는 스트레스를 집에서도 해소하지 못하고 있다는 것을 알게 된 순간, 엄마로서 가슴이 무겁고 복잡한 감정이 들기 시작했다.

엄마로서 아이의 행복과 교육 방향에 대해 깊은 고민을 하기 시작했다. 유치원의 선생님들은 사랑으로 아이들을 돌봐주고, 최선을 다해 교육해주셨다. 특히 외국에서 홀로 육아를 하는 상황에서, 그런 도움이 나에게도 큰 위안이 되었던 것이 사실이다. 하지만 토토리의 심리적 상태를 고려했을 때, 이 방식이 우리 아이에게 적합하지 않다는 확신이 들었다. 아이의 성격이나 성장 단계에 맞춘 유연한 교육 방식이 더 필요하다고 느꼈고, 현재의 유치원 활동이 아이의 행복보다는 성과 중심으로 흘러가고 있다는 점이 마음에 걸렸다.

무엇이 최선인지 고민했다. 토토리 아빠와도 진지한 대화를 나누며 유치원 선택과 교육 방식에 대해 함께 논의했다. 그 결과, 현재의 유치원을 그만두고 새로운 방향을 모색하기로 결정했다. 아이의 정서적 안정과 행복을 최우선으로 고려하기로 마음먹은 것이다.

결국 유치원에는 정중히 다른 사정으로 이사를 간다고 알리고, 놀이 중심의 교육 방식을 추구하는 새로운 유치원을 찾아보기로 했다. 이는 단순히 유치원을 바꾸는 것 이상의 의미를 담고 있었다. 현재 우리가 거주하는 지역은 유치원 선택의 폭이 제한적이었기 때문에, 새로운 유치원을 찾는 과정은 곧 이사라는 큰 결단으로 이어졌다. 가족 모두가 큰 변화를 감수해야 했지만, 아이의 행복을 위해 감수해야 할 선택이었다.

새로운 유치원을 알아보는 과정에서는 놀이를 중심으로 아이들의 자연스러운 성장을 돕는 교육철학을 가진 곳을 기준으로 삼았다. 단순히 학습 성과를 강조하는 대신, 아이들이 즐거운 경험을 통해 배우고, 스트레스 없는 환경에서 스스로 성장할 수 있도록 돕는 유치원을 찾고자 했다. 특히 해외라는 환경에서 선택지가 많지 않았기에 더욱 신중할 수밖에 없었다.

부모로서 유치원을 바꾸는 과정, 새로운 환경에 적응해야 하는 부담, 그리고 해외 생활의 한계를 감수해야 한다는 점에서 큰 고민이 따랐다. 하지만 결국 아이의 행복이 무엇보다 중요하다는 결론에 이르게 되었고, 이사를 통해 아이가 더 건강하게 성장할 수 있는 환경을 만들어주기로 했다.

　　이사를 준비하며, 아이가 새로운 유치원에서 더욱 자유롭게 놀이하며 성장할 모습을 떠올리며 마음의 위안을 삼았다. 부모로서 우리는 아이가 어떤 환경에서 가장 빛날 수 있는지를 끊임없이 고민해야 하고, 때로는 어려운 선택을 내려야 할 때도 있다. 이 과정에서 우리는 아이를 위한 선택이 결국 온 가족의 삶을 긍정적으로 변화시킬 것이라는 믿음을 가지게 되었다.
　　결국 이 변화는 단순히 유치원과 집을 옮기는 데서 그치지 않고, 토토리의 행복과 성장, 그리고 우리 가족의 미래를 위한 중요한 전환점이 되었다.

　　3) 사랑도 가득하고 놀이식 영어 수업을 했던 곳
　　토토리를 위해 여러 유치원을 돌아보았다. 단순히 아이를 돌봐주는 곳을 넘어, 아이의 마음을 편안하게 해주고, 진정으로 행복을 느낄 수 있는 유치원을 찾기 위한 여정이었다.

　　그러던 중 발도로프 교육을 하는 유치원을 방문하게 되었다. 그때 처음으로 '발도로프'라는 교육 개념에 대해 알게 되었고, 이는 단순한 호기심 이상의 깊은 감명을 남겼다.

이 유치원은 하루의 일과가 느리게 흘러가며, 아이들이 스스로를 관조하고 내면의 평화를 찾을 수 있는 환경을 제공한다고 했다. 유치원 내부는 자연 소재로 가득 차 있었으며, 나무로 채워진 공간과 따스한 색감은 보는 것만으로도 마음이 편안해졌다. 나는 그곳을 걸으며 왠지 모를 뭉클함을 느꼈다. 만약 토토리가 이런 곳에서 유치원 생활을 한다면, 복잡했던 마음이 평온해지고, 스트레스에서 벗어나 온전한 자신을 발견할 수 있을 것 같았다.

하지만 이 모든 감동과 기대는 현실적인 문제 앞에서 멈추고 말았다. 상하이에서도 발도로프 교육을 하는 유치원, 즉 대안 유치원의 비용이 매우 높았다. 유치원 학비가 한국 돈으로 환산하면 매달 600만 원이 넘었다. 상하이 자체가 국제적 도시이자 물가가 높은 지역임을 감안하더라도, 이 비용은 우리 가족이 감당할 수 없는 수준이었다. 결국 현실적인 이유로 인해 이 유치원 앞에서 발길을 돌려야 했다. 그곳에서의 꿈 같은 시간은 한여름밤의 꿈처럼 짧게 끝났고, 나는 다시 현실적인 대안을 찾아야 했다.

그때 동료 엄마가 우드스쿨이라는 곳을 추천해 주었다. 그녀의 추천으로 알게 된 이곳은 발도로프와는 다른 방식으로 아이들에게 특별한 경험을 제공하는 곳이었다. 우드스쿨은 '레지오 에밀리아(Reggio Emilia)'라는 이탈리아식 교육 철학을 기반으로 하는 국제 유치원이었고, 아이들이 스스로 의사 결정을 하고 문제를 해결하며 창의적으로 성장할 수 있도록 돕는 프로그램을 운영한다고 했다.

우드스쿨을 처음 방문했을 때, 초록색으로 가득한 따뜻한 분위기와 나무 소재로 이루어진 환경은 그 자체로 나를 끌어당겼다. 마치 자연 속에서 아이들이 스스로 자라날 수 있도록 배려한 공간 같았다. 원장님인 제니는 교육철학에 대해 열정적으로 설명하며, 놀이를 통한 학습과 아이 중심 교육의 중요성을 강조했다. 아이들이 스스로 배우고 성장하며, 영어와 중국어를 자연스럽게 익힐 수 있는 환경을 제공한다는 점이 특히 인상적이었다.

나는 언어 교육에 대한 열정이 있었기 때문에, 이런 점이 마음에 쏙 들었다. 단순히 교재를 통해 언어를 배우는 것이 아니라, 자연스러운 상호작용과 놀이를 통해 영어와 중국어를 동시에 익힐 수 있다는 점은 매력적으로 다가왔다. 영어를 더 잘하는 언어(당시에는 중국어)를 기반으로 배운다면 아이가 더 큰 자신감을 얻고, 언어 학습에 대한 흥미도 높아질 것이라는 확신이 들었다.

무엇보다 우드스쿨이 추구하는 교육 철학이 나의 언어 학습 신념과 맞닿아 있다는 생각이 들었다. 놀이를 통해 영어를 배우는 것은 단순히 언어 학습을 넘어 아이의 전반적인 성장과 연결될 수 있다. 학창 시절의 경험을 떠올리면, 나 역시 영어를 단순한 과목이 아니라 친구처럼 여기며 배워왔기 때문이다.

나는 캐나다에서 몇 개월의 단기 어학연수를 한 것을 제외하면, 대부분의 시간을 국내에서 영어를 공부하며 보냈다. 국내에서의 치열한 노력과 약간의 행운 덕분에 대학교 영어특기자 전형으로 진학할 수 있었고, 이후에는 영어 방송 기자로 일하며 혹독한 훈련을 겪었다. 해외 영업 업무를 맡으면서 북미, 중동, 동남아 지역의 파트너들과 협상하고 VIP 통역을 담당하며 영어 실력을 키울 수 있었다. 그 과정에서 나는 영어를 업무적으로 대하면서 긴장과 부담을 느낄 때도 많았지만, 어린 시절부터 영어를 친구처럼 생각했던 태도 덕분에 그 도전을 해낼 수 있었다고 믿는다.

　어릴 때부터 영어는 나의 꿈과 희망, 그리고 새로운 도전과 연결된 존재였다. 영어는 내가 노력한 만큼 나를 끌어안아주는 언어처럼 느껴졌고, 나는 이 경험을 토토리에게도 전하고 싶었다. 우드스쿨은 이러한 신념을 현실로 만들어줄 수 있는 곳처럼 보였다. 토토리가 종이와 펜을 통해서가 아니라, 살아 숨 쉬는 언어로서 영어를 배우고, 놀이와 창의적 활동을 통해 자연스럽게 성장할 수 있을 것이라는 확신이 들었다.

　우드스쿨에 대한 확신이 들면서, 우리는 결국 토토리를 이곳에 보내기로 결정했다. 우드스쿨은 비용 면에서도 상대적으로 현실적이었고, 교육 철학 면에서도 우리 가족의 가치와 잘 맞았다. 무엇보다, 아이가 행복하고 건강하게 성장할 수 있는 환경을 만들어주고 싶은 나의 바람이 이곳에서 실현될 수 있을 것 같았다.

우드스쿨의 경험은 토토리가 한국으로 돌아오기 전까지 깊은 애정을 가지고 다닌 기억으로 남았다. 그곳에서 토토리는 영어와 중국어를 배우며 자신감을 얻었고, 다양한 놀이 활동을 통해 창의적으로 성장할 수 있었다. 이 결정은 단순히 유치원을 선택하는 것을 넘어, 우리 가족의 교육 철학과 방향을 다시금 정립하는 중요한 계기가 되었다.

토토리를 위한 유치원 선택의 여정은 쉽지 않았다. 특히 해외라는 제한적인 환경 속에서 현실적인 제약과 이상적인 교육 철학 사이에서 많은 고민이 따랐다. 그러나 나에게 아이의 교육에서 가장 중요한 것은 아이의 행복과 정서적 안정이라는 점을 다시금 일깨워 주었다.

토토리의 웃음과 성장하는 모습을 보며, 나는 부모로서의 선택이 아이의 삶에 얼마나 중요한 영향을 미칠 수 있는지를 깨닫게 되었다. 그리고 그 선택의 중심에는 언제나 아이의 행복과 꿈이 있어야 한다는 믿음을 확고히 하게 되었다.

## 엄마로서 깨달은 것,
## "언어는 놀이다."

　우드스쿨에서는 아이가 단어를 몇 개나 외웠는지, 영어책을 잘 읽을 수 있는지를 학부모에게 매일 보고하지는 않았다. 나는 다른 학부모들처럼 거의 방임 수준으로 유치원에서 무엇을 하든 말든 상관하지 않았다. 이유는 단순했다. 아이가 너무 행복해 보였기 때문이다. 물론 월간 보고식으로 영어단어 뭘 배웠는지를 알 수 있는 종이들을 스크랩해서 보내주었지만, 사실 난 그걸 한번 스르륵 보고 어딘가 나도 기억나지 않는 책장 한구석에 꽂아두곤 했다.

　우리나라에서는 아이가 놀기만 하고 행복하면 많이들 불안해하는 것을 나도 국내에서 나고 자랐기 때문에 잘 알고 있다. 하지만, 놀이를 통해 언어를 배우는 것은 그 어떤 배움의 방식보다 강력하다고 나는 믿는다. 그 효과를 체험했기 때문이다.
　어느 날, 토토리가 친구들과 어떤 놀이를 했는지 갑자기 영어로 자연스럽게 말하기 시작하는데 '위로 올라갔다, 내려갔다가 했다.'라고 하며 영어 전치사를 자연스럽게 쓰기 시작했다.

그때 '아! 그렇구나. 놀이라는 것은 몸을 움직이는 것이지. 그러면 서로 대화하면서 위, 아래, 옆, 앞, 오른쪽, 왼쪽이라는 말들을 사용하겠구나!'라고 깨달았다.

내가 정말 좋아했던 우드스쿨이라는 유치원의 영어 교육 방식은 아래 세 가지로 요약할 수 있었다.

## 1. 무언가를 만들어가는 과정을 영어로 표현하기

예를 들어 상자로 자동차를 만들어보기로 할 때에 '이건 상자, box야. 이건 바퀴 wheel이야.' 이렇게 가르치는 것이 아니었다. 대신, "자~ 상자의 어느 부분에 바퀴를 두면 좋을까? 그렇지! 바로 상자의 밑에 붙이는 거지? 그럼, 그 바퀴는 몇 개지? 그렇지! 4개에요." 이런 식으로 아이들이 스스로 자동차를 만드는 방식에 대해 사고하고 창의적인 방식을 제안할 수 있게 하는 만들기 내용에 집중하며 영어를 유도하는 것이었다. 이러한 방식은 아이들이 영어단어를 무조건 외워야 한다는 강박에서 벗어나 자동차 만들기에 집중하면서도, 자연스럽고 신나게 영어단어를 말할 수 있는 효과라고 생각한다.

## 2. 몸으로 놀이하며 영어로 표현하기

유치원에서 진행했던 활동 중 또 하나 인상 깊었던 것은 몸을 쓰며 영어를 배우는 놀이였다. 예를 들어, 선생님이 아이들에게 "우리 코끼리 흉내를 내볼까?"라고 제안하며 놀이를 시작했다. 아이들은 코끼리의 코를 길게 흉내 내며 "코끼리 코는 길어요!"라고 영어로 표현하게 되었다. 이어서 "코끼리는 코로 물을 어떻게 내뿜을까요?"라는 질문이 이어지며, 아이들은 온몸으로 코끼리를 따라 하며 자신감 있게 영어 표현을 사용했다.

이 방식은 단순히 앉아서 배우는 학습과는 차원이 달랐다. 아이들은 온몸을 사용하며 영어 단어와 표현을 자연스럽게 익혔다. 무엇보다 흥미로웠던 점은, 몸을 움직이며 놀이하는 동안 영어로 자신 있게 말하는 아이들의 모습이었다. "코끼리는 어떻게 걸어요?"라는 질문에 아이들이 직접 코끼리 걸음을 흉내 내며 대답하는 과정을 보며, 나는 언어는 몸으로 체득하는 것이라는 생각을 새삼 하게 되었다. 이 과정은 아이들에게 단순히 표현을 가르치는 것이 아니라, 언어를 통해 놀이를 즐기고 스스로 표현하는 법을 배우게 해주었다.

### 3. 영어책을 문답식으로 읽고 영어책에 나온 캐릭터를 만들어 보기

유치원에서는 아이들에게 영어책을 상당히 많이 읽혔다. 그런데 그냥 주욱 읽고 단어를 외우는 게 아니라, 책에 나오는 이야기의 줄거리를 이해할 수 있도록 해당 캐릭터를 색종이나 클레이로 만들어보고, 그 과정에서 책을 함께 읽는 것이었다. 그러면 자연스럽게 책 내용에 대한 문답이 이어질 수 있었다. 이러한 과정은 아이들이 책 내용을 깊이 이해하고 사고력을 키우는 데 큰 도움이 되었다.

예를 들어, 한 동화책에서 토끼 캐릭터를 만드는 활동이 있었다. 선생님이 "토끼는 어떤 색깔일까? 하얀색일까, 아니면 갈색일까?"라고 물었을 때, 아이들은 각자 자기의 생각을 영어로 설명하며 의견을 나눴다. 아이들은 토끼 캐릭터를 만드는 동안 책의 이야기를 떠올리고, 서로 질문과 대답을 주고받으며 자연스럽게 영어를 사용했다. 나는 이 과정에서 아이들이 단순히 언어를 배우는 것을 넘어, 창의적으로 사고하고 협력하며 영어를 익힌다는 점이 놀라웠다.

이렇게 위의 세 가지 방식이 내가 정말 좋아했던 유치원이 영어교육을 하는 방식이었고, 나는 한국에 돌아와서 집에서 위와 같은 방식을 적용하고자 노력한다.

〈에피소드. 토토리와 친구들〉

　우드스쿨에서 토토리는 다양한 국적의 친구들을 만나며 언어의 힘을 경험했다. 토토리의 친구들은 국적이 다양했다. 캐나다, 이스라엘, 일본, 중국, 대만, 홍콩, 이탈리아 등등 다양한 국적의 친구들과 영어 혹은 중국어로 대화하며 지내야 했는데, 당연히 아이들은 처음엔 대화를 잘 못한다. 그래서 몸으로 의사를 표현하고 모국어로 의사를 표현하다가 점차 영어나 중국어로 의사 표현을 하기 시작하는 듯했다.

　무엇보다 아이의 언어가 빨리 늘었던 이유 중 하나는 정말 우정을 나눈 친구들 덕분이었다. 그 친구들과 마음을 나누고 생각을 표현하고 서로를 배려하는 놀이를 하며 점점 더 다양한 대화를 시도하는 것 같았다.

　이 부분이 내가 말하고 싶은 부분이다. 언어라는 것은 마음과 마음을 나누는 것이라고 생각한다. 그래야 말을 하고 싶은 의지가 강해지면서 내가 스스로 언어표현을 다양하게 하려고 할 것이다.

　토토리를 가장 좋아했던 친구는 중국 아이와 중동 아이였다. 중국 아이는 먼저 하교한 후 토토리를 놀이터에서 기다리곤 했는데 한 번은 비가 오는데도 토토리를 기다리고 있어서 그 친구의 할머니가 몹시 곤혹스러워하실 정도였다. 그런 내용을 토토리한테 얘기하면 토토리는 감동을 받아 그 친구에게 "너, 나 기다렸어? 비가 왔는데?"라고 할 수 있는 모든 단어를 동원해서 최선을 다해 말하게 되는 것이었다.

　그렇게 서로 더 대화하고 싶어 하는 상황이 계속되고 계속해서 더 대화를 시도하게 되는 것이었다.

　중동 친구는 남자아이였는데 토토리와 참 죽이 잘 맞았다. 아침에 등원할 때마다 토토리가 앞서가고 있으면 "토토리~"하고 부르곤 했다. 하원할 때도 토토리를 기다리곤 했던 귀여운 아이.

　나도 아직도 생각하면 그리운 아이들이다. 중동 아이는 부모님이 몹시 바쁘셨는데, 토토리를 누나들이 많은 자신의 대궐 같은 집에 초대했다. 그러고는 너무 기뻐 토토리를 꼭 껴안고, "넌 내가 처음으로 초대한 친구야."라고 했다.

　토토리도 "나를 초대해 줘서 고마워."라며 그 후로 둘은 아주 정신없이 그 집을 휘젓고 다니며 놀았다. 언젠가 다시 그 친구들을 볼 수 있다면 좋겠다. 아마 그 친구들을 향한 그리움이 토토리의 마음 속 서랍 안에 꼭꼭 숨겨져 있을 것이다.

## 아이는 닮고 싶은 사람의 언어를 가장 빨리 배운다.

　토토리를 보며 더 확신을 가진 '놀이 영어'에 대한 믿음이 자라게 된 배경은 뭘까?

　먼저, 놀이를 하면서 아이는 다른 나라 언어로 이야기한다는 걸 의식하지 않고, 자연스럽게 언어를 배울 수 있다. 너무 뻔한 이야기 같지만, 이 뻔한 문장 속에 중요한 의미가 더 숨겨져 있다. 바로 아이가 '자존감'을 지키며 새로운 언어를 시도한다는 것이다.

　아이가 엄마와 함께 놀며 모국어를 배울 때, 엄마가 하는 말을 알아듣지 못해도, 자존감에 상처를 받지 않는다는 걸 우리는 모두 알고 있다. 아이는 사랑하는 엄마가 하는 노랫소리 같은 말을 따라 하고 싶은 것이다. 영어도 마찬가지다. 좋아하는 어른, 선생님 그리고 다른 나라에서 온 친구가 나와 함께 신나게 놀며 하는 말을 아이는 저절로 따라 하게 되고 또 따라 하고 싶은 것이다.

　자존감에 상처를 받지 않는 건 새로운 언어를 배울 때 매우 중요한 과정이다. 언어를 막 배우기 시작하는 아이에게 언어를 배운다고 느끼지 않고, 압박감을 느끼지 않고, 내가 좋아하고 따라 하고 싶은 사람들을 따라 한다는 느낌을 주는 것이 앞으로 더 고난도의 내용을 배울 때 포기하지 않는 힘을 줄 수 있다.

조금 더 크면 문법적으로, 학문적으로 혹은 대학 생활을 하며 영어로 나 자신을 증명해야 하는 때가 금세 성큼 다가온다. 그럴 때 조금 실수하더라도 훌훌 털고 일어날 수 있는 힘, 그 힘은 바로 어릴 때 사랑으로 영어를 배웠던 기억, 그리고 외국어보다는 모국어를 더 사랑하는 마음가짐으로 정체성을 지키며 가야만, 그 힘이 길러진다고 믿는다.

# 2장. 집에서 영어 가르치기 노하우

# 오디오를 적극 활용하자

집에서 딸 토토리에게 영어를 가르칠 때, 영상 대신 오디오를 적극적으로 활용하는 방법을 자주 사용한다. 영어 동화를 오디오로 틀어주는 것이 주요한 방법의 하나다. 이러한 방식을 선택하게 된 데에는 나의 어린 시절 경험이 큰 영향을 미쳤다. 내가 어렸을 때 즐겨 들었던 한국어 전래동화와 영어 학습 오디오 테이프가 내 언어 능력을 키우는 데 많은 도움을 주었기 때문이다.

부모님이 사주신 전래동화 테이프를 들으며 눈을 감고 상상의 나래를 펼쳤던 기억이 생생하다. 처음에는 등장인물의 말이나 스토리의 세부적인 뜻을 이해하지 못했지만, 계속해서 듣다 보면 문맥을 통해 대략적인 내용을 유추할 수 있었다. 그런 과정을 반복하면서 자연스럽게 언어를 이해하고 표현하는 능력이 길러졌다. 영어도 마찬가지였다. 영어 회화 테이프를 들으며 처음에는 발음을 따라 하는 것도 어렵고 무슨 뜻인지 전혀 몰랐지만, 시간이 지나면서 점차 귀가 열리고 발음을 흉내 내게 되었다. 그 과정에서 나도 모르게 영어 발음과 리듬, 억양을 익히게 되었다.

특히 오디오를 활용하는 학습법은 나의 상상력을 자극하고 언어 능력을 강화하는 데 크게 기여했다. 오디오는 단순히 듣기 자료로 끝나는 것이 아니라, 머릿속에 그림을 그리며 스토리를 상상하게 만들어 준다. 내가 들었던 이야기들은 내 머릿속에서 생생한 장면으로 그려졌고, 이 상상력은 이후 독서와 언어 학습에서도 중요한 밑거름이 되었다. 물론 영상 시청도 많이 했고, 나는 텔레비전을 매우 좋아하는 아이였다. 하지만 오디오를 통해 이야기를 먼저 듣고 나서 영상을 접했을 때, 스토리를 상상했던 경험 덕분에 영상에서 보는 장면들이 훨씬 더 생생하게 다가왔던 기억이 난다.

이러한 경험을 바탕으로 토토리에게도 오디오로 이야기를 듣는 시간을 자주 가지게 했다. 처음에는 토토리도 오디오로만 이야기를 듣는 것을 어려워했다. 영상처럼 시각적으로 자극이 있는 자료가 아니다 보니 금방 지루해하고 집중하지 못했다. 하지만 포기하지 않고 꾸준히 오디오를 틀어주며 자연스럽게 흘려듣도록 했다. 내가 원하는 것은 토토리가 처음부터 모든 내용을 이해하거나 완벽하게 따라 하는 것이 아니었다. 그저 이야기를 듣는 과정에서 언어의 리듬과 억양, 그리고 단어들의 패턴에 익숙해지는 것이 목표였다.

시간이 지나면서 토토리는 점점 오디오를 듣는 데 익숙해졌다. 처음에는 이야기의 내용을 잘 이해하지 못했지만, 반복해서 듣다 보니 문맥을 통해 단어와 문장의 뜻을 유추하기 시작했다. 더 흥미로웠던 것은,

어느 날부터 토토리가 내가 들어준 이야기에 대해 스스로 설명하기 시작했다는 점이다. 내가 듣고 있던 스토리를 자신의 말로 요약해서 들려주며 "이건 이런 이야기야!"라고 자랑스럽게 말하는 모습을 보며 큰 뿌듯함을 느꼈다.

오디오 활용은 단순히 영어 실력을 키우는 것 이상의 효과를 가져왔다. 토토리는 상상력을 발휘하며 스토리를 머릿속에서 재구성했고, 이를 통해 창의적인 사고력을 키우게 되었다. 또한, 시각적인 자극 없이도 이야기에 몰입하는 능력은 이후 독서를 즐기는 데에도 긍정적인 영향을 미쳤다. 나는 이러한 경험을 통해 오디오가 영어뿐만 아니라 전반적인 언어 능력과 사고력을 키우는 데 매우 효과적인 도구라는 것을 다시 한 번 느꼈다.

오디오를 활용한 학습의 장점은 또 있다. 언제 어디서든 쉽게 접근할 수 있다는 점이다. 우리는 차 안에서, 집안일을 하는 동안, 혹은 잠들기 전 침대에 누워서도 이야기를 들을 수 있다. 토토리에게도 이러한 습관을 들이기 위해 다양한 상황에서 영어 오디오를 들려주고, 자연스럽게 이야기를 즐기도록 유도했다. 이야기 속 등장인물의 대화나 내레이션을 들으며 영어를 친숙하게 느끼게 하는 것이 나의 목표였다.

오디오는 단순히 듣기 자료가 아니라, 토토리가 영어와 친해지고 더 나아가 언어를 활용하는 힘을 기르는 데 중요한 역할을 했다. 상상력과 사고력 그리고 언어의 자연스러운 흡수가 이루어지는 '오디오 학습법'은 모든 부모에게 가장 추천하고 싶은 효과적인 방법이다. 나 역시 오디오로 배운 언어와 스토리들이 지금의 나를 만드는 데 중요한 밑바탕이 되었던 것처럼, 토토리도 오디오를 통해 영어를 넘어 세상과 더 넓게 연결되는 경험을 하길 바란다.

〈에피소드. 토토리맘의 어린 시절〉

　어린 시절, 나의 부모님은 항상 "꿈을 크게 꾸어라."라는 말을 강조하셨다. 이 말은 당시에는 다소 진부하게 들렸을지 모르지만, 지금 돌이켜보면 나의 삶을 형성하는 데 있어 중요한 기반이 되었다. 부모님은 단순히 꿈꾸는 것에 그치지 않고, '상상력'이 삶을 지탱하는 큰 힘이 된다고 말씀하셨다. 상상력은 단순히 공상을 의미하는 것이 아니라, 자신이 이루고 싶은 것을 그려보고, 그것을 현실로 만들어가는 과정에서 원동력이 된다는 뜻이었다. 특히 놀라웠던 점은, 이런 상상력이 영어를 배우고 잘하고 싶다는 열망으로 이어졌다는 것이다. 이건 부모님도 예상하지 못했던 결과였다.

　나의 성장 과정에서 언어는 내가 어떤 세상에서 어떤 모습으로 살고 싶은지를 결정하는 중요한 요소 중 하나였다. 언어는 단순히 의사소통의 도구가 아니라, 내가 가진 역량을 해외에서도 펼칠 수 있다는 자신감을 심어주는 열쇠와 같았다. 다른 나라 사람들과 자유롭게 교류하며 내가 가진 잠재력을 최대한 발휘하는 삶을 꿈꾸게 된 것도 언어 덕분이었다. 더 나아가, 비록 외국에 거주하지 않더라도, 해외를 무대로 다양한 사람들과 일할 수 있다는 가능성은 나의 상상력을 더욱 자극했다. 그리고 그 상상력을 현실로 만들어줄 수단이 바로 영어였다.

　나는 아주 어린 시절부터 여러 나라 사람과 교류하고 싶다는 막연한 꿈을 꾸었다. 처음에는 그저 여러 언어를 사용하며 전 세계 친구들과 대화하는 멋진 모습을 상상했다. 그때부터 나의 목표는 점점 더 구체화되었고, 내가 어떤 직업을 갖든지 간에 다양한 나라의 사람들과 자유롭게 소통할 수 있는 능력을 키우고 싶었다. 이 꿈은 나를 자연스럽게 영어 학습으로 이끌었고, 그 과정에서 누구의 강요도 없이 스스로 노력하게 했다. 영어를 배우고 익히는 과정이 힘들지 않았던 이유도 바로 이런 강한 내적 동기 때문이었다.

특히 기억에 남는 것은 중학생 시절이다. 그때부터 나는 단순히 시험을 위해 영어를 공부하는 것이 아니라, 실제로 영어를 유창하게 구사하는 어른들처럼 되고 싶다는 열망에 사로잡혔다. 나는 영어 뉴스를 이해하고, 그것을 능숙하게 따라 하는 사람들을 보며 그들처럼 되고 싶다고 생각했다. 그래서 영어 뉴스를 듣기 시작했는데, 솔직히 처음에는 거의 알아듣지 못했다. 하지만 포기하지 않고 계속 듣고 또 들었다. 내가 이해한 단어와 문장이 적더라도 반복해서 듣다 보면 언젠가는 익숙해질 것이라고 믿었다.

너무 많이 듣다 보니 어떤 날은 지겹고 물리기까지 했다. 같은 뉴스를 반복해서 듣다 보면 나도 모르게 '이걸 또 들어야 하나?'라는 생각이 들곤 했다. 하지만 바로 그럴 때일수록 나는 멈추지 않고 계속 들었다. 지겨움과 싸우며 반복적으로 듣는 과정을 통해, 나는 점점 영어의 억양과 리듬에 익숙해졌고, 새로운 단어와 표현들이 내 머릿속에 자연스럽게 들어오기 시작했다. 단순히 듣기만 한 것이 아니라, 뉴스를 따라 말하며 발음과 억양을 흉내 내는 연습도 했다. 이 과정은 그 어떤 외부의 강요없이 오직 내 의지로 시작했고, 그 의지가 나를 지치지 않게 했다.

사실 나는 수학에는 그다지 소질이 없었다. 수학 문제를 푸는 데 필요한 집중력이나 끈기를 영어를 배우는 데 쏟아부었기 때문일지도 모른다. 부모님은 내가 수학보다 영어에 더 흥미를 느끼고 있다는 것을 알고 계셨고, 이를 존중해 주셨다. 그 덕분에 나는 부담 없이 영어에 몰두할 수 있었다. 우스갯소리로, 수학이 약하다는 점을 제외하면, 나는 어릴 때부터 영어에 관한 한 스스로 몰입하며 노력하는 데 있어 누구보다 열정적이었다고 생각한다.

　이런 과정을 통해 나는 영어를 단순히 시험이나 학업의 도구로 생각하지 않았다. 영어는 내게 꿈을 이루기 위한 필수적인 수단이었고, 더 넓은 세상과 연결될 수 있는 다리였다. 영어를 통해 내가 원하는 세상, 내가 되고 싶은 모습을 상상할 수 있었고, 그 상상이 현실이 될 수 있다는 믿음이 나를 끝없이 움직이게 했다.

　결과적으로 이러한 열정과 끈기를 통해 영어를 내 삶의 중요한 부분으로 만들 수 있었다. 어릴 때부터 상상력을 키우고, 그 상상력을 현실로 바꾸기 위해 노력했던 경험은 오늘날에도 나에게 큰 자산으로 남아있다. 지금도 나는 그때의 열정을 기억하며, 더 넓은 세상과 연결되는 꿈을 꾸고 있다.

# 부모의 목소리로
# 영어책을 읽어주자

    아이에게 영어를 가르치는 방법 중에서 부모의 목소리로 영어책을 읽어주는 것은 단순히 언어를 배우는 과정을 넘어, 아이의 전반적인 정서와 인지 발달에 중요한 영향을 미친다. 부모의 목소리는 아이에게 가장 친숙하고 안정감을 주는 소리로, 아이가 태어나기 전부터 들었던 최초의 목소리다. 그렇기 때문에 부모의 목소리로 영어책을 읽어주는 것은 단순히 영어 노출을 늘리는 것 이상의 깊은 의미와 효과가 있다.

    부모의 목소리로 영어책을 읽어주는 것은 정서적 유대감을 형성하는 데 매우 중요한 역할을 한다. 아이들은 부모의 목소리를 통해 따뜻함과 안전함을 느끼며, 이는 학습 과정에 대한 긍정적인 태도를 형성하게 한다. 특히 영어라는 낯선 언어에 처음으로 노출되는 아이들에게 부모의 목소리는 안정감을 주고, 영어에 대한 두려움을 없애는 중요한 역할을 한다. 부모의 목소리에는 자연스럽게 감정이 담기기 때문에, 아이는 단순히 단어만 듣는 것이 아니라, 그 단어들이 표현하는 감정과 뉘앙스를 함께 느끼게 된다. 이는 언어를 배우는 데 있어 매우 중요한 첫걸음이다.

또한, 부모가 영어책을 읽어주는 과정에서 목소리를 사용한 스토리텔링은 아이의 상상력을 크게 자극한다. 예를 들어, 부모가 책 속의 캐릭터를 연기하거나 대사를 읽을 때 목소리 톤과 억양, 감정을 다양하게 표현하면, 아이는 그 이야기에 몰입하게 된다. 단순히 단어를 외우는 것이 아니라, 이야기를 통해 그 언어가 어떻게 사용되는지, 그리고 어떤 감정을 전달하는지 체험하게 되는 것이다. 이런 과정을 통해 아이는 자연스럽게 영어의 리듬과 억양을 익히며, 언어적 이해 능력과 창의적 사고력이 함께 발달한다. 부모의 목소리는 이야기의 감정을 전달하고, 이야기를 눈앞에서 펼쳐지는 생생한 장면처럼 느끼게 만드는 역할을 한다.

그리고 부모가 영어책을 읽어주는 것은 일관된 학습 환경을 제공한다는 점에서도 큰 장점이 있다. 아이는 부모의 목소리와 읽기 스타일에 익숙해지면서, 안정감을 느끼고 학습에 더욱 집중하게 된다. 특히 매일 같은 시간, 같은 장소에서 부모의 목소리로 책을 읽는 습관을 들이면, 아이는 학습에 대한 규칙성과 일관성을 경험하게 된다. 이러한 일관성은 아이의 언어 습득 과정을 효과적으로 돕는다. 익숙한 목소리와 반복적인 읽기 경험은 아이에게 친근감을 주며, 이는 영어라는 새로운 언어에 대한 호기심과 흥미를 유지하는 데 큰 도움을 준다.

부모의 목소리로 영어책을 읽어주는 또 다른 장점은 아이와의 특별한 유대감을 형성한다는 점이다. 부모가 아이와 함께 영어책을 읽으며 시간을 보내는 것은 단순한 학습의 과정이 아니라, 서로의 감정을 나누고 소통하는 시간이다. 이런 과정을 통해 아이는 부모와의 관계에서 신뢰를 쌓게 되고, 이는 정서적 안정감으로 이어진다. 정서적으로 안정된 아이는 학습에서도 더 높은 성취를 보이는 경향이 있다. 따라서 부모의 목소리로 영어책을 읽어주는 것은 언어 학습뿐 아니라, 아이의 전반적인 정서 발달에도 큰 영향을 미친다.

이외에도, 부모가 직접 영어책을 읽어주는 것은 영어 발음과 억양의 모델을 제공하는 데에도 큰 효과가 있다. 아이는 부모의 발음을 들으며 자연스럽게 영어의 소리를 흉내 내게 되고, 이는 아이가 영어를 배우는 과정에서 자신감을 갖는 데 도움을 준다. 영어가 익숙하지 않은 부모일지라도, 완벽한 발음이나 억양을 신경 쓰기보다는 꾸준히 책을 읽어주는 것이 중요하다. 부모의 노력과 꾸준함은 아이에게 영어 학습에 대한 긍정적인 태도를 심어주며, 언어를 배우는 것이 즐겁고 자연스러운 과정이라는 메시지를 전달하게 된다.

이렇게 부모의 목소리로 영어책을 읽어주는 것은 단순히 영어를 가르치는 방법을 넘어, 아이의 언어 발달, 정서적 안정감, 그리고 창의적 사고를 촉진하는 데 매우 중요한 역할을 한다. 부모의 목소리는 아이에게 가장 따뜻하고 안정감을 주는 소리로, 영어라는 낯선 언어를 아이가 자연스럽게 받아들이고, 흥미를 느낄 수 있도록 돕는다. 또한, 이 과정을 통해 아이와 부모는 특별한 유대감을 형성하고, 서로의 관계를 더욱 깊이 있게 발전시킬 수 있다. 영어 학습의 첫걸음에서 부모의 목소리는 그 어떤 교재나 기술보다도 강력하고 효과적인 도구다.

## 프리토킹을 할 순 없어도 '영어책'으로 보완할 수 있다.

많은 부모가 느끼듯, 영어를 가르치는 일은 쉬운 일이 아니다. 특히 내 아이 앞에서 원어민처럼 자연스럽게 영어로 프리토킹을 하는 것은 거의 불가능한 일이다.

그렇다면, 부모가 완벽한 영어 실력을 갖추지 못했더라도 아이에게 효과적으로 영어를 가르치는 방법은 무엇일까? 바로 영어책을 활용하는 것이다. 영어책을 읽어주고, 책의 내용을 바탕으로 아이와 질문하고 답하는 과정을 통해 부모와 아이 모두 영어를 더욱 자연스럽고 재미있게 배울 수 있다.

영어책을 읽어주는 과정에서 중요한 것은 완벽한 대화를 이루는 것이 아니다. 처음에는 아이가 영어로 대답하지 못하거나 어색해할 수 있다. 그러나 꾸준히 영어로 질문을 던지고, 간단한 설명을 해주다 보면 아이는 점차 한두 마디씩 영어로 대답하거나 질문을 던지기 시작할 것이다. 이 과정은 부모와 아이가 함께 언어를 탐구하고, 성장하는 소중한 시간이 될 것이다.

〈에피소드. 애벌레가 나비가 되는 이야기〉

내가 토토리와 함께했던 한 가지 기억에 남는 경험을 공유하고 싶다. 토토리가 상하이의 국제 유치원에 다닐 때, 애벌레가 나비로 변하는 과정을 다룬 영어책을 접했다. 이 책의 내용이 유익하고, 문장 구조가 좋아서 토토리에게 읽어주기로 결심했다. 그리고 책을 읽어주는 동안 나는 계속 토토리에게 질문을 던졌다. "What do you think the caterpillar will become?(애벌레가 나중에 무엇이 될까?)"이라던가 "Why is the caterpillar eating so much?(애벌레가 왜 이렇게 많이 먹는 거야?)" 같은 질문으로 아이의 관심을 유도했다. 물론 처음에는 토토리가 영어로 대답하지 못했다. 오히려 "엄마, 영어 하지 마! 그냥 우리말로 해!"라며 어색해하고, 거부 반응을 보이기도 했다.

그럴 때 나는 토토리의 반응에 민감하게 반응하지 않고, 영어를 자연스럽게 사용하는 모습을 보여주려고 노력했다. 그렇게 아이가 거부감을 느낀다고 해서 영어로 질문하거나 읽어주는 것을 멈추지 않았다. 영어를 엄마가 평소에도 사용하는 자연스러운 언어라는 인식을 심어주려고 노력했다. 이러한 태도 덕분인지, 시간이 지나면서 토토리는 점점 영어에 대한 경계심을 내려놓고, 영어로 한두 마디씩 대답하거나 새로운 질문을 던지기 시작했다. 부모가 영어를 어렵고 낯선 언어로 여기지 않는다는 것을 아이가 느끼면, 아이도 영어를 부담스럽게 생각하지 않게 된다.

## 영어책이 가져다 주는 효과

영어책은 단순히 읽기 자료를 넘어, 아이의 언어 능력을 다방면으로 향상시키는 강력한 도구다. 영어책을 활용한 학습은 아이가 영어를 더 자연스럽고 깊이 이해하게 하며, 다음과 같은 여섯 가지 주요 효과를 가져온다.

**1. 어휘력 확장**

영어책은 아이들이 다양한 어휘를 자연스럽게 익히는 데 도움을 준다. 책을 읽으며 새로운 단어를 문맥 속에서 접하게 되면, 단순한 암기보다 더 오래 기억에 남는다. 이 과정은 아이가 실제 대화에서도 해당 단어를 자연스럽게 떠올릴 수 있도록 돕는다.

**2. 문법과 문장 구조의 내재화**

영어책은 아이가 문법과 문장 구조를 체계적으로 배울 수 있는 훌륭한 도구다. 문법 교재처럼 딱딱하게 배우는 것이 아니라, 스토리 속에서 문장의 흐름과 구조를 자연스럽게 익히게 된다. 아이는 책을 읽으면서 영어 문장이 어떻게 구성되는지 체득하게 되고, 이를 통해 말하기와 쓰기 능력도 향상된다.

### 3. 문화적 이해 증진

영어책은 영어권의 문화와 관습을 이해하는 데 도움을 준다. 영어를 단순히 언어로 배우는 것을 넘어, 문화적 맥락을 이해하게 되면 언어 사용의 깊이가 더해진다. 예를 들어, 특정 표현이 왜 사용되는지, 어떤 상황에서 적절한지 등을 배우며, 실제 대화에서도 문화적 차이를 고려할 수 있게 된다.

### 4. 창의적 사고와 비판적 사고력 발달

책을 읽으며 이야기에 대해 생각하고, 자신의 의견을 표현하는 과정은 아이의 비판적 사고를 키운다. 아이는 이야기의 교훈과 의미를 분석하며, 문제 해결 능력과 논리적 사고력을 발전시킬 수 있다. 스토리의 전개나 캐릭터의 행동을 분석하며, 아이는 자신만의 해석을 만들어 낼 수 있다.

### 5. 자기표현 능력 강화

영어책을 읽은 후, 책에 대한 감상을 영어로 표현하는 것은 아이가 자기 생각과 감정을 명확하게 전달하는 능력을 기르는 데 도움을 준다.

말하기와 쓰기에서 영어 사용에 대한 자신감을 얻으며, 자기 주도적으로 표현할 수 있는 힘을 키운다.

### 6. 독해력과 문해력 향상

영어책은 한국어책과 마찬가지로 아이의 독해력을 키우는 데 중요한 역할을 한다. 영어책을 읽으며 읽기 능력이 향상되고, 이 과정은 쓰기 능력 향상으로도 이어진다. 책 속의 문장 구조와 표현을 모방하며, 아이는 자연스럽게 더 고급스러운 글쓰기 능력을 갖추게 된다.

## 부모의 태도가 영어학습 성공을 좌우한다

부모의 태도는 아이의 영어 학습 성공에 결정적인 역할을 한다. 아이가 영어를 즐기고 배우기를 바란다면, 부모 스스로 영어를 자연스럽고 긍정적으로 대하는 태도를 보여주어야 한다. 아이는 부모의 행동을 보고 배우기 때문이다.

부모가 영어를 완벽하게 하지 못하더라도, 자신감 있게 시도하는 모습을 보이는 것이 중요하다. 아이가 실수했을 때 이를 지적하기보다는 격려하는 태도를 보여주어야 한다. 예를 들어, 아이가 "I goed to the park."이라고 말했을 때, "Oh, you mean 'I went to the park'! Good try!"라고 긍정적으로 고쳐주는 방식으로 아이의 자신감을 높일 수 있다.

부모가 영어를 학업 성취만을 위한 도구로 여긴다면, 아이는 영어를 부담스럽게 느낄 수 있다. 대신 영어를 삶을 풍요롭게 만드는 언어로 인식하도록 도와야 한다. 예를 들어, 영어로 영화를 보거나 노래를 듣고, 여행 중 영어로 소통하는 모습을 통해 영어가 재미있고 실용적이라는 점을 아이가 느끼게 할 수 있다.

부모가 원어민처럼 프리토킹을 할 수 없더라도, 영어책은 이러한 부족함을 보완해 줄 수 있는 강력한 도구다. 영어책은 아이가 어휘를 늘리고 문법과 문장 구조를 배우며, 문화를 이해하고 창의적 사고를 키우는 데 도움을 준다. 동시에 부모의 긍정적인 태도는 아이가 영어를 편안하고 즐겁게 받아들이도록 돕는다. 영어책과 함께라면, 원어민처럼 말하지 않아도 영어를 가르치는 데 충분히 성공할 수 있다.

# 집에서도 충분히 영어를 가르칠 수 있다는 자신감을 갖자

영어를 가정에서 꾸준히 익히는 것은 불가능한 일이 아니다. 가정에서 영어를 익히는 환경을 만들어주는 게 왜 중요할까. 토토리도 처음에는 "엄마 왜 영어 해? 엄마는 한국 사람이잖아."라는 반응을 많이 했다. 그러나 토토리맘은 굴하지 않고, 계속해서 영어로 말을 걸고 영어로 혼잣말도 하며 영어 뉴스를 듣고 보는 모습을 보여주었다. 그러다보니 토토리도 '아, 엄마는 그냥 영어로도 말할 수 있는 사람이구나.'라고 받아들이기 시작했다. 여기서 중요한 건 엄마의 영어 실력을 아이가 정확하게 알기는 어렵다.

왜냐하면 아이는 어른만큼의 어휘력도, 이해력도 없기 때문에 엄마를 전지적 관점에서 평가 내리기 어렵기 때문이다. 이 점을 '내 아이가 내 발음이 안 좋다고 생각하면 어쩌지. 내 영어 실력이 들통나면 어쩌지.'라며 망설이는 부모님이라면 꼭 기억하면 좋겠다.

중요한 것은 내 실력이 어떻든 간에 아이 앞에서 영어에 대해 자신감을 가지고 여유로운 자세를 보이는 것이다. 유명한 말이 있지 않은가. 아이는 부모의 거울이라고. 언어를 받아들이는 것에 대해서도 마찬가지라고 본다. 요즘에는 외동아이도 많고, 형제가 많지 않기 때문에 그만큼 부모와 일대일로 밀접하게 접촉하며 보내는 시간이 많다. 그래서 그만큼 부모의 행동이나 사고방식을 그대로 닮을 가능성도 크다.

아이가, 부모가 새로운 것을 받아들이는 자세를 보며, 함께 자신감이 높아지고, 당당하게 그 새로운 것(언어)을 받아들이려고 노력하게 된다. 나는 토토리 앞에서 기회가 있다면 영어로 외국 친구와 소통하는 것을 보여주고, 할 수 있다는 것을 보여주려고 했다. 상해에서 국제관계학 대학원을 다니며 나는 각국의 친구들을 사귀며 집에도 종종 초대하곤 했다.

나중에는 아이가 익숙해졌는지, 어느 날은 1층부터 집까지 초대한 내 친구들을 스스로 의전을 하며 한명씩 데리고 오는 게 아니겠는가. 심지어 내 친구들과 스몰토크까지 하면서 말이다. 그렇게 하라고 시키지도 않았는데, 엄마를 보며 배운 것이다.

- 매일의 꾸준함

영어를 가정에서 익히기 위해서는 매일 꾸준히 영어 노출을 하는 것이 중요하다. 매일 일정 시간 동안 영어책을 읽거나, 영어 동화를 들으며 영어에 자연스럽게 접하는 습관을 가지는 것이 필요하다. 꾸준한 노출은 아이에게 영어가 익숙한 언어가 되도록 도와주며, 언어 감각을 자연스럽게 발전시키는 데 큰 도움이 된다. 중요한 것은 하루에 짧은 시간이라도 지속적으로 영어 활동을 진행하는 것이다. 이는 아이가 영어에 대한 흥미를 잃지 않고, 영어에 대한 자연스러운 감각을 유지하는 데 기여한다.

- 엄마도 영어 실력 높이기

엄마가 영어를 능숙하게 사용하고, 영어 실력을 높이려는 노력을 기울이는 것은 아이에게 긍정적인 영향을 미친다. 엄마가 영어로 대화하고, 영어를 배우는 모습을 보이는 것은 아이에게도 영어 학습에 대한 동기부여가 된다. 엄마가 영어 실력을 향상시키기 위해 공부하거나, 영어 자료를 활용하는 모습을 보여줌으로써, 아이는 영어가 중요한 언어임을 자연스럽게 느끼게 된다. 또한, 엄마가 영어를 잘하게 되면 아이와의 영어 대화가 더 원활해지고, 영어 학습에 대한 아이의 신뢰도 높아진다.

- 아이에게 자신감 심어주기

아이에게 영어 학습에서 자신감을 심어주는 것은 중요하다. 아이가 영어를 잘하지 못할 때도 격려하고, 작은 성과를 칭찬함으로써 아이는 영어에 대한 자신감을 얻을 수 있다. 긍정적인 피드백과 칭찬은 아이가 영어를 배우는 과정에서 자부심을 느끼게 하고, 영어 학습에 대한 긍정적인 태도를 갖게 한다. 자주 칭찬을 해주는 것뿐만 아니라, 아이가 스스로 영어를 사용할 기회를 제공함으로써 자신감을 더욱 높일 수 있다.

- 영어를 익히는 이유를 설명하기

아이에게 영어를 익히는 이유를 설명하는 것은 그들의 동기 부여에 큰 도움이 된다. 영어가 단순히 학교 과목이 아니라, 글로벌 커뮤니케이션의 중요한 도구임을 알려주면 아이는 영어 학습의 필요성을 이해하고, 스스로 학습에 대한 동기를 찾을 수 있다. 예를 들어, 영어를 통해 다양한 문화를 경험할 수 있고, 외국 친구들과 소통할 기회를 가질 수 있음을 설명해주는 것이 효과적이다. 아이가 영어를 배우는 이유를 명확히 이해하면 학습에 대한 태도가 더 적극적이고 긍정적으로 된다.

- 외국인들과 대화할 기회 마련하기

아이에게 외국인들과 대화할 기회를 제공하는 것은 영어 학습에 큰 도움이 된다. 외국인 친구나 선생님과의 대화는 아이가 실제 상황에서 영어를 사용해 볼 수 있는 기회를 제공하며, 영어 실력을 실질적으로 향상시킬 수 있다. 외국인과의 대화는 아이에게 영어를 사용하는 데 있어 실질적인 경험을 제공하고, 언어에 대한 자신감을 더욱 강화시킬 수 있다. 이런 기회를 통해 아이는 영어가 실제로 사용되는 상황을 경험하며, 영어에 대한 흥미와 자신감을 더욱 키울 수 있다.

아이에게 언어를 익히는 과정은 단순히 문법과 어휘를 배우는 것이 아니라, 언어를 통한 다양한 경험과 이해를 포함한다. 아이가 새로운 언어를 배우면서 겪는 도전과 성취는 그들의 전반적인 성장에 긍정적인 영향을 미친다. 언어를 익히는 과정은 아이가 세상을 더 넓게 이해하고, 다양한 문화와 소통할 수 있는 능력을 기르게 한다.

### - 아이에게 조바심 드러내지 않기

아이에게 조바심을 드러내지 않는 것은 언어 학습에서 중요한 요소이다. 학습이 느리더라도 인내심을 가지고 기다려주어야 한다. 조바심이 드러나면 아이는 스트레스를 느끼고, 학습에 대한 흥미를 잃을 수 있다. 아이가 자신의 속도에 맞추어 학습할 수 있도록 지원하며, 긍정적인 환경을 조성하는 것이 중요하다.

### - 아이 앞에서 영어를 즐겁게 하기

아이 앞에서 영어를 즐겁게 사용하는 것은 언어 학습의 즐거움을 느끼게 한다. 놀이를 통해 영어를 사용하는 방법이나, 영어로 된 동화를 재미있게 읽어주는 것이 좋은 예이다. 언어를 즐겁게 배우면 아이는 영어에 대한 긍정적인 태도를 가지게 되고, 학습에 대한 흥미를 유지할 수 있다.

### - 점수로만 아이의 영어를 평가하지 않기

아이의 영어 능력을 점수로만 평가하면 아이의 학습 동기가 저하될 수 있다. 영어 능력은 점수만으로 평가할 수 없는 다양한 요소들이 포함된다. 아이의 영어 능력은 일상적인 대화, 표현력, 이해도 등 여러 측면에서 평가해야 한다. 점수 외에도 아이의 성장을 인정하고, 다양한 학습 성과를 칭찬하는 것이 중요하다.

**- 아이에게 자주 칭찬하기**

아이에게 자주 칭찬하는 것은 언어 학습에서 큰 동기부여가 된다. 아이가 영어로 성취를 이루었을 때마다 칭찬을 아끼지 말고, 긍정적인 피드백을 주는 것이 중요하다. 칭찬은 아이가 자신감을 가지고 계속해서 학습에 참여하도록 유도하며, 학습에 대한 긍정적인 태도를 유지하게 한다.

이러한 접근 방법들을 통해 가정에서도 효과적으로 영어를 익힐 수 있으며, 아이가 자신감을 가지고 영어를 배우는 데 큰 도움이 된다.

## 영어를 즐기는 아이로 만드는 학습의 세 가지 핵심 기법

어느 날, 토토리가 학습지를 하다가 흥미 없는 듯이 '엄마, 나 그만하고 싶어.'라고 말하기에 '응. 그래. 그만해.'라고 답해줬더니 갑자기 "아니야, 엄마. 나 이만큼 더 할게." 하며 다시 학습지를 시작했다. 그런데 하고 싶다고 했었던 발레는 그만하고 싶다고 했을 때, '그래. 그만하자.'라고 하니 단번에 '응.'이라고 답하며 그렇게 마무리되었다.

정말 관심이 없고 안 하고 싶은 건 억지로 시키지 않아야 관심을 가지는 다른 것에, 아이가 스스로 에너지를 더 쏟을 수 있는 것 같다. 아이는 무조건 엄마가 시키는 걸 흡수하기만 하는 스펀지가 아니라, 분명히 감당할 수 있는 에너지와 체력과 집중력에 한계가 있다. 때문에 아이 스스로 어느 부분에 더 집중하고 싶은지 도와주는 것도 부모의 역할인 것 같다.

그런데 나의 깊은 마음속에는, 영어가 굉장히 중요하기 때문에 아이가 영어에 대한 흥미를 잃지 않게 하려고 아주 조심스럽고 신중하게 접근하고 있는 것이다. 지나치게 지루하거나 어렵게 시키지 않으면서도 아이의 수준보다 도전적인 내용을 익히게 하는 것이 나의 영어 학습 목표의 핵심이다. 그래서 사용하는 방법이 바로 디즈니 만화영화이다. 어려운 내용이어도 보게 만드는 시청각 자료 중에 디즈니 만화 영화가 최고라고 생각하기 때문이다.

### 1. 디즈니 만화영화의 마법: 즐거움과 학습의 조화

디즈니 만화영화는 단순한 어린이 콘텐츠를 넘어, 언어 학습에 있어서 강력한 도구로 작용한다. 그 이유는 디즈니 영화들이 가진 독특한 언어적 특성에 있다. 다양한 캐릭터들이 각기 다른 억양과 속도로 말하고,

유머와 감정 표현이 풍부하며, 대화 속에 자연스러운 문장 구조와 표현들이 녹아 있다. 또한 이야기의 전개가 흥미진진해서 아이들이 쉽게 몰입할 수 있다. 무엇보다도, 디즈니 영화는 길고 복잡한 스토리를 가지고 있어 아이들에게 유추하는 힘을 길러주며 보다 수준 높은 언어를 접할 기회를 제공한다.

내가 선택한 영화는 디즈니의 대표작 중 하나인 「알라딘(Aladdin)」이었다. 알라딘은 단순히 어린이용 만화가 아니라, 기발한 유머와 감동적인 스토리, 그리고 다양한 감정이 담긴 음악이 어우러진 작품이다. 나는 이 영화를 활용해 토토리가 영어를 자연스럽게 받아들이고 익힐 수 있도록 의도적으로 환경을 조성했다.

알라딘을 활용한 영어 학습의 첫 단계는 반복 시청이었다. 하루에 20~30분 정도씩, 토토리가 하원 후 쉬는 시간에 알라딘을 틀어놓는 방식으로 진행했다. 처음 한두 주 동안은 토토리가 단순히 영화를 시청하며 웃고 노래를 따라 흥얼거리는 정도였다. 대사의 대부분은 이해하지 못했지만, 시청을 거듭하며 이야기의 흐름을 따라가고, 등장인물들의 행동과 표정을 통해 스토리를 이해하기 시작했다.

1개월 정도가 지나자, 눈에 띄는 변화가 나타났다. 어느 날 토토리가 "엄마, 이 말은 이런 뜻이야?"라며 영화 속 대사를 나름대로 해석하기 시작한 것이다. 이 과정에서 토토리는 문맥을 활용해 단어와 표현의 의미를 유추하려고 노력했고, 모르는 표현은 나에게 물어보며 이해하려 했다. 2개월쯤 되었을 때는 간단한 표현뿐만 아니라 영화 속의 복잡한 문장도 점차 따라 말하기 시작했다. 특히, 등장인물 지니(Genie)가 빠르게 말하는 대사를 흥미로워하며 일부를 흉내 내기도 했다.

　3개월쯤 되었을 때는 더 큰 변화가 있었다. 이제는 단순히 따라 하는 것을 넘어서, 문장의 의미를 스스로 확인하며 "엄마, 이 대사는 이런 뜻이지?"라고 물었다. 토토리는 점점 더 자신감을 가지고 복잡한 문장을 이해하려고 노력했고, 일부는 정확하게 해석하기도 했다. 이 모든 과정에서 반복 시청이 큰 역할을 했다고 생각한다. 동일한 영화를 반복해서 시청하며 익숙해진 표현이 쌓이고, 스토리의 전체 맥락을 파악하면서 점점 더 복잡한 언어 구조를 이해할 수 있었다.

　아이가 동일한 영화를 반복적으로 시청하다 보면 지루함을 느낄 가능성도 있다. 이를 방지하기 위해 나는 의도적으로 알라딘 시청을 잠시 중단하기도 했다. 토토리가 영화에 조금 지겨운 듯한 기색을 보이면, 며칠간 알라딘을 보여주지 않고 다른 놀이를 통해 시간을 보냈다. 그러다 토토리가 "엄마, 알라딘 보고 싶어!"라고 말하면 다시 틀어주는 식으로 진행했다. 이처럼 영화 시청을 아이가 원할 때 재개함으로써, 알라딘에 대한 흥미와 기대감을 유지할 수 있었다.

　토토리가 지루해하지 않도록 배경음악과 노래를 활용한 것도 큰 도움이 되었다. 알라딘의 대표곡인 'A Whole New World'와 'Arabian Nights'는 그 자체로도 매력적이어서, 토토리가 자주 흥얼거리며 따라 부르곤 했다. 노래를 통해 익힌 표현은 영화 대사와 자연스럽게 연결되었고, 이는 토토리의 언어 학습에 긍정적인 자극을 주었다.

나는 디즈니 영화를 단순히 틀어놓는 것을 넘어, 토토리가 적극적으로 참여할 수 있는 환경을 만들려고 노력했다. 영화를 시청하며 토토리가 던지는 질문에 최대한 성실히 답하며, 영화 속 표현들을 설명하거나 간단히 대화를 나눴다. 예를 들어, "엄마, 지니가 말한 'Phenomenal cosmic powers'가 무슨 뜻이야?"라고 물었을 때, 나는 단순히 번역하는 대신, 지니의 캐릭터와 맥락을 설명하며 대화를 이어갔다. "지니는 자기 힘이 엄청나다고 자랑하고 있는 거야. 그런데 그 힘을 작은 램프 안에 가둬야 해서 불만을 말하는 거야."라고 이야기하며, 토토리가 표현의 뉘앙스를 이해하도록 도왔다.

이 과정에서 토토리는 단순히 단어를 배우는 것이 아니라, 영어 표현이 사용되는 맥락과 감정을 함께 익힐 수 있었다. 이는 아이가 영어를 언어 그 자체로 받아들이는 데 큰 도움이 되었다고 생각한다. 또한, 모르는 표현에 대해 스스로 질문하고 배우려는 태도는 반복 시청과 상호작용의 결과물이었다.

알라딘을 포함한 디즈니 영화의 또 다른 장점은 아이가 언어와 감정을 연결 지을 수 있다는 점이다. 알라딘 속 주인공들이 어려움을 극복하고 꿈을 이루는 과정은 토토리에게 깊은 인상을 남겼고, 이러한 감정적 경험은 영화 속 표현들을 더 오래 기억하게 하는 데 도움을 주었다. 특히 지니와 알라딘의 유쾌한 대화, 자스민 공주의 강인한 태도 그리고 알라딘이 자신의 약점을 극복하는 모습을 보며, 토토리는 단순히 언어뿐만 아니라 이야기에 담긴 메시지를 자연스럽게 받아들였다.

나는 디즈니 영화가 단순히 언어 학습을 넘어, 아이가 감정적으로 성장하고 다양한 가치관을 익히는 데도 기여한다고 믿는다. 알라딘을 통해 영어 표현뿐만 아니라, 도전 정신과 친구의 소중함, 자신의 한계를 극복하는 용기를 함께 배울 수 있었다.

디즈니 만화영화는 단순한 엔터테인먼트가 아니다. 아이들에게는 언어를 배우는 재미를 제공하고, 상상력과 감정을 자극하며, 보다 높은 수준의 사고력을 길러주는 교육 도구로서 큰 가능성을 가지고 있다. 토토리와 함께 하는 알라딘 시청을 통해, 나는 반복과 상호작용 그리고 아이의 흥미를 유지하는 것이 언어 학습에서 얼마나 중요한지 다시 한번 깨달았다. 앞으로도 디즈니 영화를 비롯한 다양한 콘텐츠를 활용해, 토토리가 영어를 즐겁고 자연스럽게 배울 수 있도록 도울 생각이다.

## 2. 유튜브 콘텐츠, 보여주면 효과 만점인 건 따로 있다.

요즘 아이들에게 유튜브는 단순한 오락거리를 넘어 학습과 놀이의 장이 되는 경우가 많다. 나 역시 토토리에게 유튜브를 활용해 영어를 익히도록 돕고자 여러 가지 시도를 해보았고, 그중 효과가 좋았던 몇 가지 콘텐츠 유형을 발견했다. 특히, 아이들이 직접 등장하여 놀이하며 영어로 대화하는 콘텐츠와 인형 놀이 콘텐츠가 대표적이다. 이 두 가지 유형은 공통적으로 영어 학습 자체에 초점을 맞추기보다는, 놀이의 즐거움에 초점을 두고 있다는 점에서 큰 장점이 있다.

아이들이 등장하는 놀이 콘텐츠는 실제 사람의 표정과 몸짓, 그리고 자연스러운 대화가 담겨 있어 아이들에게 더 친숙하게 다가간다. 이러한 콘텐츠를 통해 토토리는 단순히 영어 문장을 듣는 것을 넘어, 놀이 속 대화라는 맥락에서 영어 표현을 익히고 있다. 예를 들어, "Let's build a house!" 또는 "Can you help me find my toy?"와 같은 표현들은 아이들이 놀이를 통해 자연스럽게 사용하고 학습할 수 있는 실용적인 문장들이다. 이러한 표현들은 단순히 외우는 것이 아니라, 놀이 속에서 상황과 연결되기 때문에 기억에 오래 남고 실제로 사용할 가능성도 높아진다.

인형 놀이 콘텐츠 역시 아이들의 상상력을 자극하며, 다양한 상황에서 영어 표현을 접할 기회를 제공한다. 예를 들어, 인형들이 레스토랑에서 음식을 주문하거나, 공원에서 소풍을 즐기는 장면은 아이들에게 실생활에서 사용될 수 있는 표현들을 친근하게 전달한다. 대화가 간단하면서도 반복적으로 이루어지기 때문에 아이가 차근차근 영어를 따라 하며 익힐 수 있는 좋은 환경을 만들어준다.

놀이 콘텐츠를 선택할 때 내가 가장 중요하게 여기는 점은 영어 학습의 자연스러움이다. 아이가 영어를 학습해야 한다는 부담을 느끼기보다는, TV 속 친구들과 함께 놀이를 즐기고 있다는 느낌을 받을 수 있어야 한다. 지나치게 학습적이거나 억양이 부자연스러운 콘텐츠는 피하고,

실제 아이들이 등장하거나 자연스러운 놀이가 중심이 되는 콘텐츠를 선택했다.

콘텐츠의 영상미와 색감도 고려했다. 자극적인 색감이나 빠른 전환이 많은 콘텐츠는 아이가 지나치게 몰입하거나 집중력이 흩어질 가능성이 크기 때문에, 비교적 차분하고 안정적인 영상 스타일을 선호했다. 놀이의 과정을 차분히 보여주며, 대화가 명확하게 전달되는 콘텐츠는 아이가 영어를 더 잘 이해하고 따라 할 수 있도록 돕는다.

이러한 유튜브 콘텐츠를 꾸준히 시청한 결과, 토토리는 실제로 놀이 속 실용적인 대화 표현을 자연스럽게 따라 하기 시작했다. 예를 들어, 인형 놀이 콘텐츠를 본 후에는 자신만의 인형을 가지고 비슷한 대화를 연출하기도 했다. "What do you want to eat today?"라며 인형에게 음식을 묻고, 스스로 답하기도 하는 모습을 보면서, 놀이 콘텐츠가 실생활 대화로 이어지는 과정을 직접 목격할 수 있었다.

특히, 이 방식은 영어권 사람들과 매일 대화하기 어려운 환경에서 효과적이다. 현실적으로 아이가 영어권 친구들과 매일 소통할 기회를 갖는 것은 쉽지 않다. 하지만 유튜브 콘텐츠를 통해 TV 속 친구들과 가상의 대화를 나누는 듯한 경험을 제공하면, 아이는 영어 학습이 아닌 놀이의 연장선상에서 영어를 받아들이게 된다. 이렇게 놀이를 통해 언어를 익히는 과정은 자연스럽고 흥미롭게 이루어지며, 아이의 영어 실력을 서서히 키우는 데 큰 도움을 준다.

물론, 어떤 콘텐츠든 지나치게 오랜 시간 시청하면 역효과가 날 수 있다. 아이들이 너무 오래 유튜브를 보게 되면, 오히려 집중력이 떨어지고 놀이의 본질을 잃게 되는 경우가 있다. 이를 방지하기 위해, 나는 콘텐츠 시청 시간을 철저히 관리하고 있다. 하루에 1시간 이내로 시간을 제한하며, 시청이 끝난 후에는 아이가 직접 놀이를 하거나 영상을 본 내용을 바탕으로 놀이를 이어가도록 유도한다.

　예를 들어, 인형 놀이 콘텐츠를 본 후에는 아이와 함께 인형을 가지고 비슷한 놀이를 해본다. "What did you see in the video?"라고 물으며, 영상을 통해 배운 표현을 대화에 활용할 기회를 제공하는 것이다. 이러한 방식은 단순히 영상을 보는 것을 넘어, 실생활에서 활용할 수 있는 언어 학습으로 연결된다.

　내가 유튜브 콘텐츠를 활용하면서 가장 중요하게 생각하는 점은 놀이와 학습의 균형이다. 아이가 유튜브를 통해 영어를 배울 수 있는 환경을 제공하면서도, 그 과정을 학습으로만 느끼지 않도록 하는 것이 핵심이다. 아이가 놀이를 통해 친구들과 소통하는 기쁨을 느끼듯, 유튜브 속 콘텐츠를 통해 영어와 소통하는 즐거움을 느끼길 바라고 있다.

　놀이 기반 콘텐츠와 인형 놀이 콘텐츠는 이러한 목표를 충족시킬 수 있는 훌륭한 도구다. 아이가 영어를 학습하는 동시에, 다양한 상황 속에서 놀이를 통해 언어의 즐거움을 경험할 수 있도록 돕는 것이다. 앞으로도 토토리와 함께 이러한 콘텐츠를 적절히 활용하며, 언어 학습을 놀이의 한 부분으로 자연스럽게 통합해 나갈 계획이다.

### 3. 놀이하며 영어를 배울 수 있는 대화

다음으로 이 책의 핵심이라고 할 수 있는 놀이를 하며 영어를 배울 수 있는 대화 표현이다.

놀이를 통해 배우는 영어는 단순히 언어 능력만을 키워주는 것이 아니다. 놀이 자체가 아이에게 즐거움을 주고, 그 안에서 자연스럽게 언어를 사용하며 표현하고자 하는 동기를 만들어 준다.

우드스쿨에서 토토리가 경험했던 놀이식 영어 수업은 이러한 점에서 이상적인 모델이었다. 특히 놀라웠던 점은, 아이들이 놀이에 완전히 몰입한 상태에서 영어가 하나의 소통 수단으로 기능했다는 것이다. 토토리가 친구들과 숨바꼭질하면서 "You found me!"라고 외치거나, 간단한 놀이 상황에서 "Where are you hiding?"이라는 말을 자연스럽게 구사하게 되는 것을 보며 나는 깨달았다.

아이들은 '이것이 영어 공부'라고 인식하지 않는 순간 가장 자연스럽게 배우기 시작한다. 영어를 배우는 과정이 기쁨으로 채워질 때, 아이는 스스로 영어를 탐구하고 싶어 하는 의지를 가지게 된다.

# 토토리맘의 놀이 영어 표현들

나는 토토리와 자주 놀이를 하며 영어를 시도하는데, 토토리가 자신도 모르게 놀이 내용에 대해 영어로 대답할 때 정말 짜릿하다. 그래서 이 방법을 소중한 엄마들과 나누고 싶어서, 토토리와 실제로 진행하는 놀이 영어 대화를 상황별로, 나이대별로 소화할 수 있는 문장으로 준비해 보았다. 다양한 놀이 상황에서 자연스럽게 영어를 익힐 수 있는 대화들이니 꼭 아이와 함께 꾸준히 하길 추천한다.

## 놀이영어 표현 : 만 3~4세

### 1. 블록 쌓기 (Building Blocks)

- 엄마: "What color is this block?" (이 블록은 무슨 색이야?)
- 아이: "It's red!" (빨간색이야!)
- 엄마: "Do you like red?" (빨간색 좋아해?)
- 아이: "Yes, I like red." (응, 좋아해.)
- 엄마: "Can you find a blue block?" (파란 블록을 찾을 수 있니?)

- 아이: "Here it is!" (여기 있어!)

- 엄마: "Great! Now, let's stack them." (좋아! 이제 쌓아보자.)

- 아이: "Okay, I'll put red first." (좋아, 빨간색 먼저 놓을게.)

- 엄마: "Good idea. What comes next?"
(좋은 생각이야. 다음엔 뭐야?)

- 아이: "Blue!" (파란색이야!)

- 엄마: "Nice job! Look how tall it is!" (잘했어! 얼마나 높은지 봐!)

## 2. 인형 놀이 (Playing with Dolls)

- 엄마: "What is your doll's name?" (네 인형 이름이 뭐야?)

- 아이: "Her name is Lucy." (이름은 루시야.)

- 엄마: "How old is Lucy?" (루시는 몇 살이야?)

- 아이: "She's three years old." (세 살이야.)

- 엄마: "What does Lucy like to eat?" (루시는 뭐 먹는 걸 좋아해?)

- 아이: "She likes apples." (사과를 좋아해.)

- 엄마: "Can Lucy play with us?" (루시가 우리랑 놀 수 있니?)

- 아이: "Yes, she wants to play." (응, 놀고 싶어해.)

- 엄마: "What game does Lucy like?" (루시는 어떤 게임을 좋아해?)

- 아이: "She likes hide and seek." (숨바꼭질을 좋아해.)

- 엄마: "Okay, let's play hide and seek with Lucy."
(좋아, 루시랑 숨바꼭질 하자.)

· 아이: "I'll hide first!" (내가 먼저 숨을게!)

## 3. 동물 소리 맞추기 (Animal Sounds)

· 엄마: "What sound does a cow make?" (소는 무슨 소리를 내지?)

· 아이: "Moo!" (음메!)

· 엄마: "Good! How about a dog?" (잘했어! 그럼 개는?)

· 아이: "Woof woof!" (멍멍!)

· 엄마: "Perfect! What about a cat?" (완벽해! 고양이는?)

· 아이: "Meow!" (야옹!)

· 엄마: "Great job! Can you do a sheep?" (잘했어! 양은?)

· 아이: "Baa!" (매애!)

· 엄마: "Excellent! What about a duck?" (훌륭해! 오리는?)

· 아이: "Quack quack!" (꽥꽥!)

· 엄마: "You're so good at this!" (너 정말 잘하는구나!)


## 4. 색칠하기 (Coloring)

· 엄마: "Can you color the sun yellow?"
(태양을 노란색으로 색칠할 수 있니?)

· 아이: "Yes, I can." (응, 할 수 있어.)

· 엄마: "What color do you want to use for the sky?"
(하늘은 무슨 색으로 색칠하고 싶니?)

· 아이: "Blue!" (파란색!)

· 엄마: "Great choice. How about the trees?"
(좋은 선택이야. 나무는?)

· 아이: "Green!" (초록색!)

· 엄마: "Can you color the flowers pink?"
(꽃을 분홍색으로 색칠할 수 있니?)

· 아이: "Yes, pink is my favorite color."
(응, 분홍색은 내가 제일 좋아하는 색이야.)

· 엄마: "It looks beautiful. What else can we color?"
(아주 예쁘다. 우리 뭐 또 색칠할까?)

· 아이: "Let's color the house." (집을 색칠하자.)

## 5. 퍼즐 맞추기 (Solving Puzzles)

· 엄마: "Where does this piece go?" (이 조각은 어디에 들어가니?)

· 아이: "Here!" (여기!)

· 엄마: "Are you sure?" (확실해?)

· 아이: "Yes, it fits!" (응, 맞아!)

· 엄마: "Great! Can you find another piece?"
(좋아! 다른 조각을 찾을 수 있니?)

· 아이: "Here, this one." (여기, 이거야.)

· 엄마: "Does it fit here?" (여기에 맞니?)

· 아이: "No, it goes there." (아니, 저기에 맞아.)

· 엄마: "You are right! You're so good at puzzles." (맞았어! 너 퍼즐 정말 잘하는구나.)

· 아이: "I like puzzles." (퍼즐 좋아해.)

### 6. 숨바꼭질 (Hide and Seek)

· 엄마: "Where are you hiding?" (어디 숨었니?)

· 아이: "Find me!" (나 찾아봐!)

· 엄마: "Are you behind the couch?" (소파 뒤에 있니?)

· 아이: "No, I'm not!" (아니야, 여기 없어!)

· 엄마: "Are you under the table?" (테이블 아래에 있니?)

· 아이: "No!" (아니야!)

· 엄마: "I think I see you behind the curtain!" (커튼 뒤에 너 보인다!)

· 아이: "You found me!" (나 찾았어!)

· 엄마: "I did! Now it's my turn to hide." (그렇지! 이제 내가 숨을 차례야.)

· 아이: "Okay, I'll count!" (좋아, 내가 셀게!)

· 엄마: "One, two, three..." (하나, 둘, 셋...)

### 7. 공놀이 (Playing Ball)

· 엄마: "Can you throw the ball to me?" (공을 나한테 던져줄래?)

· 아이: "Yes, catch it!" (응, 받아!)

· 엄마: "Got it! Now I'll throw it to you."
(받았어! 이제 내가 너한테 던질게.)

· 아이: "Throw it!" (던져!)

· 엄마: "Here it comes!" (간다!)

· 아이: "I caught it!" (받았어!)

· 엄마: "Good job! Let's try bouncing it." (잘했어! 이번엔 튕겨보자.)

· 아이: "Okay!" (좋아!)

· 엄마: "Bounce it back to me." (나한테 다시 튕겨줘.)

· 아이: "Here you go!" (여기 있어!)


## 8. 물건 찾기 (Finding Objects)

· 엄마: "Can you find the red car?" (빨간 차를 찾을 수 있니?)

· 아이: "Here it is!" (여기 있어!)

· 엄마: "Great! Now find the blue ball."
(좋아! 이제 파란 공을 찾아봐.)

· 아이: "Found it!" (찾았어!)

· 엄마: "Good job! How about the yellow duck?"
(잘했어! 노란 오리는?)

· 아이: "Here!" (여기!)

· 엄마: "Perfect! Can you find something green?"

(완벽해! 초록색 물건을 찾을 수 있니?)

· 아이: "Here is a green block." (여기 초록색 블록이 있어.)

· 엄마: "You're doing great! Let's find something purple." (잘하고 있어! 이번엔 보라색을 찾아보자.)

· 아이: "Here is a purple crayon." (여기 보라색 크레용이 있어.)

## 9. 손유희 (Finger Play)

· 엄마: "This is the thumb, can you show me your thumb?" (이게 엄지야, 네 엄지를 보여줄래?)

· 아이: "Here it is!" (여기 있어!)

· 엄마: "Great! Can you wiggle your fingers?" (좋아! 손가락을 흔들어볼래?)

· 아이: "Like this?" (이렇게?)

· 엄마: "Yes, exactly! Now let's count them." (응, 바로 그렇게! 이제 세어보자.)

· 아이: "One, two, three, four, five." (하나, 둘, 셋, 넷, 다섯.)

· 엄마: "Perfect! Can you clap your hands?" (완벽해! 손뼉을 칠 수 있니?)

· 아이: "Yes!" (응!)

· 엄마: "Clap, clap, clap!" (짝짝짝!)

· 아이: "Clap, clap, clap!" (짝짝짝!)

## 10. 노래 부르기 (Singing Songs)

· 엄마: "Let's sing 'Twinkle, Twinkle, Little Star'."
(작은 별 노래 부르자.)

· 아이: "Okay!" (좋아!)

· 엄마: "Twinkle, twinkle, little star..." (반짝반짝 작은 별...)

· 아이: "...how I wonder what you are!" (...너는 누구일까!)

· 엄마: "Up above the world so high..." (세상 위에 높이...)

· 아이: "...like a diamond in the sky!" (...하늘의 다이아몬드처럼!)

· 엄마: "Great singing! What's your favorite song?"
(잘 불렀어! 네가 제일 좋아하는 노래는 뭐야?)

· 아이: "I like 'Baa Baa Black Sheep'." ('매애매애 검은 양' 좋아해.)

· 엄마: "Let's sing that next!" (그럼 다음에 그 노래 부르자!)

## 놀이영어 표현 : 만 5~6세

## 1. 단어 카드 놀이 (Word Cards)

· 엄마: "What word is this?" (이 단어는 뭐야?)

· 아이: "Cat!" (고양이야!)

· 엄마: "Good! Can you spell it?" (좋아! 철자 말해볼래?)

· 아이: "C-A-T." (씨-에이-티.)

· 엄마: "Great job! What sound does 'C' make?"
(잘했어! 'C'는 무슨 소리를 내니?)

- 아이: "Kuh." (커.)
- 엄마: "Right! What sound does 'A' make?"
(맞아! 'A'는 무슨 소리를 내지?)
- 아이: "Ah." (아.)
- 엄마: "And 'T'?" (그럼 'T'는?)
- 아이: "Tuh." (터.)
- 엄마: "Good! Let's do another one. What's this word?"
(잘했어! 다른 단어 해보자. 이 단어는 뭐야?)
- 아이: "Dog!" (개야!)
- 엄마: "Can you spell it?" (철자 말해볼래?)
- 아이: "D-O-G." (디-오-지.)

## 2. 역할 놀이 (Role Play)

- 엄마: "You be the doctor, I'll be the patient."
(네가 의사야, 내가 환자 할게.)
- 아이: "Okay, what's wrong?" (좋아, 어디가 아파?)
- 엄마: "I have a headache." (머리가 아파.)
- 아이: "Let me check your temperature." (체온을 재볼게.)
- 엄마: "Okay, doctor." (그래, 의사 선생님.)
- 아이: "You have a fever." (열이 있어.)
- 엄마: "What should I do?" (어떻게 해야 해?)

· 아이: "You need to rest and drink water." (쉬고 물을 마셔야 해.)

· 엄마: "Thank you, doctor." (고마워, 의사 선생님.)

· 아이: "You're welcome. Take care." (천만에. 잘 돌봐야 해.)

## 3. 그림 맞추기 (Matching Pictures)

· 엄마: "Can you match the picture to the word?"
(그림을 단어와 맞출 수 있니?)

· 아이: "Yes, here it is." (응, 여기 있어.)

· 엄마: "Good job! Now let's do another one."
(잘했어! 이제 다른 거 해보자.)

· 아이: "Okay, I can do it." (좋아, 할 수 있어.)

· 엄마: "Match the picture of the dog to the word."
(개의 그림을 단어와 맞춰봐.)

· 아이: "Here it is." (여기 있어.)

· 엄마: "Perfect! Can you find the picture of the cat?"
(완벽해! 고양이 그림을 찾을 수 있니?)

· 아이: "Here!" (여기 있어!)

· 엄마: "Excellent! You're really good at this."
(훌륭해! 너 정말 잘하네.)

· 아이: "I like matching games." (맞추기 게임 좋아해.)

## 4. 숫자 세기 (Counting Numbers)

· 엄마: "How many apples are there?" (사과가 몇 개 있니?)

· 아이: "Five!" (다섯 개야!)

· 엄마: "Can you count them?" (세어볼래?)

· 아이: "One, two, three, four, five." (하나, 둘, 셋, 넷, 다섯.)

· 엄마: "Good job! What comes after five?"
(잘했어! 다섯 다음은 뭐야?)

· 아이: "Six!" (여섯!)

· 엄마: "Correct! Let's count to ten." (맞았어! 열까지 세어보자.)

· 아이: "Seven, eight, nine, ten." (일곱, 여덟, 아홉, 열.)

· 엄마: "Great counting! Now let's count backwards."
(잘 세었어! 이번엔 거꾸로 세어보자.)

· 아이: "Ten, nine, eight, seven, six, five, four, three, two, one."
(열, 아홉, 여덟, 일곱, 여섯, 다섯, 넷, 셋, 둘, 하나.)

· 엄마: "Fantastic! You're really good with numbers."
(환상적이야! 너 숫자를 정말 잘하는구나.)

## 5. 그림 그리기 (Drawing)

· 엄마: "Draw a house." (집을 그려볼래?)

· 아이: "Okay!" (좋아!)

· 엄마: "What shape is the roof?" (지붕은 무슨 모양이야?)

· 아이: "It's a triangle." (삼각형이야.)

· 엄마: "Good! What color will you make the door?"
(좋아! 문은 무슨 색으로 할 거야?)

· 아이: "Blue!" (파란색!)

· 엄마: "Nice choice. How about the windows?"
(좋은 선택이야. 창문은?)

· 아이: "I'll make them yellow." (노란색으로 할게.)

· 엄마: "Great! What else can you add to the picture?"
(좋아! 그림에 뭐 더 추가할 수 있니?)

· 아이: "A tree!" (나무!)

· 엄마: "What color is the tree?" (나무는 무슨 색이야?)

· 아이: "Green leaves and brown trunk." (초록 잎과 갈색 줄기.)

· 엄마: "It's a beautiful picture!" (아주 아름다운 그림이야!)

## 6. 간단한 요리 (Simple Cooking)

· 엄마: "Let's make a sandwich." (샌드위치를 만들자.)

· 아이: "What do we need?" (뭐가 필요해?)

· 엄마: "Bread, cheese, and ham." (빵, 치즈, 그리고 햄이 필요해.)

· 아이: "Can I help?" (나 도와줄까?)

· 엄마: "Yes, you can spread the cheese." (응, 치즈를 발라줄래.)

· 아이: "Okay, I'm spreading the cheese." (좋아, 치즈를 바를게.)

- 엄마: "Now put the ham on top." (이제 햄을 올려봐.)
- 아이: "Like this?" (이렇게?)
- 엄마: "Perfect! Now add the top slice of bread."
(완벽해! 이제 위에 빵을 올려봐.)
- 아이: "Done!" (완성!)
- 엄마: "Great job! Let's cut it in half." (잘했어! 반으로 자르자.)
- 아이: "Yum, it looks delicious!" (음, 맛있어 보여!)

## 7. 동물 흉내 내기 (Imitating Animals)

- 엄마: "Can you hop like a rabbit?" (토끼처럼 깡충 뛰어볼래?)
- 아이: "Yes, look!" (응, 봐봐!)
- 엄마: "Great hopping! Can you roar like a lion?"
(잘 뛰었어! 사자처럼 으르렁거릴 수 있니?)
- 아이: "Roar!" (으르렁!)
- 엄마: "Wow, that's loud! How about slithering like a snake?"
(와, 정말 크다! 뱀처럼 미끄러져볼래?)
- 아이: "Sssssss." (스스스.)
- 엄마: "Perfect! Can you fly like a bird?"
(완벽해! 새처럼 날 수 있니?)
- 아이: "Flap flap!" (파닥파닥!)
- 엄마: "Excellent! What other animals can you imitate?"

(훌륭해! 다른 동물 흉내도 낼 수 있니?)

· 아이: "I can swim like a fish!" (물고기처럼 헤엄칠 수 있어!)

· 엄마: "Let's see!" (보여줘!)

## 8. 물건 분류하기 (Sorting Objects)

· 엄마: "Let's sort these buttons by color."

(이 버튼들을 색깔별로 분류해보자.)

· 아이: "Red here, blue here." (빨간색은 여기, 파란색은 여기.)

· 엄마: "Good sorting! What color is this button?"

(잘 분류했어! 이 버튼은 무슨 색이야?)

· 아이: "Green!" (초록색!)

· 엄마: "Where does it go?" (어디에 들어가니?)

· 아이: "Here with the green ones." (초록색 버튼들과 여기.)

· 엄마: "Perfect! Now let's sort by size."

(완벽해! 이제 크기별로 분류해보자.)

· 아이: "Big ones here, small ones here."

(큰 것은 여기, 작은 것은 여기.)

· 엄마: "Excellent! You're so good at sorting."

(훌륭해! 너 분류 정말 잘하네.)

· 아이: "I like sorting things." (물건 분류하는 거 좋아해.)

## 9. 길 찾기 (Finding Directions)

· 엄마: "Can you find the way to the kitchen?"
(부엌으로 가는 길을 찾을 수 있니?)

· 아이: "Yes, follow me!" (응, 나 따라와!)

· 엄마: "Okay, I'm following you." (그래, 따라갈게.)

· 아이: "Turn left here." (여기서 왼쪽으로 돌아.)

· 엄마: "Got it. What's next?" (알겠어. 다음은?)

· 아이: "Go straight." (직진해.)

· 엄마: "We're almost there!" (거의 다 왔어!)

· 아이: "Now turn right." (이제 오른쪽으로 돌아.)

· 엄마: "Here we are! Good job!" (여기야! 잘했어!)

· 아이: "I did it!" (해냈어!)

## 10. 반죽 놀이 (Playdough Fun)

· 엄마: "Let's make shapes with playdough."
(반죽으로 모양을 만들자.)

· 아이: "I want to make a star." (별을 만들고 싶어.)

· 엄마: "Great! What color will your star be?"
(좋아! 별은 무슨 색으로 할 거야?)

· 아이: "Yellow." (노란색.)

· 엄마: "Nice choice. What other shapes can we make?"

(좋은 선택이야. 우리 다른 모양도 만들까?)

· 아이: "A circle and a square." (원과 사각형.)

· 엄마: "Let's do it! I'll make a circle." (좋아! 내가 원을 만들게.)

· 아이: "And I'll make a square." (나는 사각형을 만들게.)

· 엄마: "Your square looks great! Can you make a triangle?" (네 사각형 정말 잘했어! 삼각형도 만들 수 있니?)

· 아이: "Yes, here it is." (응, 여기 있어.)

## 놀이영어 표현 : 만 7~8세

### 1. 과학 실험 (Simple Science Experiments)

· 엄마: "Let's make a volcano with baking soda and vinegar." (베이킹 소다와 식초로 화산을 만들자.)

· 아이: "Cool! What do we need?" (멋지다! 뭐가 필요해?)

· 엄마: "We need a bottle, baking soda, vinegar, and food coloring." (병, 베이킹 소다, 식초, 그리고 식용 색소가 필요해.)

· 아이: "I have the baking soda." (베이킹 소다는 내가 가지고 있어.)

· 엄마: "Great! Let's put it in the bottle." (좋아! 병에 넣자.)

· 아이: "Done! What's next?" (다 했어! 다음은 뭐야?)

· 엄마: "Now we add a few drops of food coloring." (이제 식용 색소를 몇 방울 넣자.)

· 아이: "Which color should we use?" (어떤 색을 써야 해?)

· 엄마: "Let's use red to make it look like lava."

(용암처럼 보이게 빨간색을 쓰자.)

· 아이: "Okay, done!" (좋아, 다 했어!)

· 엄마: "Now slowly pour the vinegar in."

(이제 식초를 천천히 부어봐.)

· 아이: "Wow, it's erupting!" (와, 분출하고 있어!)

## 2. 그림책 읽기 (Reading Picture Books)

· 엄마: "Let's read 'The Very Hungry Caterpillar'."

('배고픈 애벌레'를 읽자.)

· 아이: "I love that book!" (그 책 좋아해!)

· 엄마: "What does the caterpillar eat first?"

(애벌레가 처음에 뭘 먹니?)

· 아이: "He eats through one apple." (사과 하나를 먹어.)

· 엄마: "Good! What does he eat next?" (좋아! 그다음엔 뭘 먹니?)

· 아이: "Two pears." (배 두 개.)

· 엄마: "Right! And after that?" (맞아! 그다음엔?)

· 아이: "Three plums." (자두 세 개.)

· 엄마: "Yes! What happens at the end of the story?"

(그래! 이야기 끝에는 무슨 일이 일어나니?)

· 아이: "He becomes a beautiful butterfly!" (아름다운 나비가 돼!)

· 엄마: "Great job remembering!" (기억 잘했어!)

## 3. 단어 퍼즐 (Word Puzzles)

· 엄마: "Let's solve this crossword puzzle." (이 낱말 퍼즐을 풀자.)

· 아이: "Okay! What's the first clue?" (좋아! 첫 번째 힌트는 뭐야?)

· 엄마: "It's a four-letter word for 'cat'."

('고양이'를 뜻하는 네 글자 단어야.)

· 아이: "Easy! It's 'kitty'." (쉬워! 'kitty'야.)

· 엄마: "Good job! Next clue: A five-letter word for 'water bird'."

(잘했어! 다음 힌트: '물새'를 뜻하는 다섯 글자 단어야.)

· 아이: "Hmm, is it 'swan'?" (음, 'swan'이야?)

· 엄마: "Swan has four letters. Try again."

('swan'은 네 글자야. 다시 해봐.)

· 아이: "Oh, it's 'geese'!" (아, 'geese'야!)

· 엄마: "That's right! You're getting really good at this."

(맞았어! 너 정말 잘하고 있어.)

· 아이: "I love word puzzles!" (단어 퍼즐 좋아해!)

## 4. 숫자 게임 (Number Games)

· 엄마: "Let's play a number guessing game."

(숫자 맞추기 게임을 하자.)

- 아이: "Okay! You go first." (좋아! 네가 먼저 해.)

- 엄마: "I'm thinking of a number between 1 and 10." (1에서 10 사이의 숫자를 생각하고 있어.)

- 아이: "Is it 5?" (5야?)

- 엄마: "No, higher." (아니, 더 높아.)

- 아이: "Is it 8?" (8이야?)

- 엄마: "Yes, you got it!" (맞았어, 맞췄어!)

- 아이: "My turn! I'm thinking of a number between 1 and 20." (내 차례야! 1에서 20 사이의 숫자를 생각하고 있어.)

- 엄마: "Is it 15?" (15야?)

- 아이: "No, lower." (아니, 더 낮아.)

- 엄마: "Is it 10?" (10이야?)

- 아이: "Yes, you got it!" (맞았어, 맞췄어!)


## 5. 스토리텔링 (Storytelling)

- 엄마: "Let's make up a story together." (같이 이야기를 만들어보자.)

- 아이: "Okay, I'll start." (좋아, 내가 먼저 시작할게.)

- 엄마: "Once upon a time..." (옛날 옛적에...)

- 아이: "...there was a brave knight." (...용감한 기사가 있었어.)

- 엄마: "He lived in a big castle." (큰 성에 살았어.)

· 아이: "One day, he went on an adventure."

(어느 날, 모험을 떠났어.)

· 엄마: "He met a friendly dragon." (친절한 용을 만났어.)

· 아이: "The dragon helped him find treasure."

(용이 보물을 찾는 걸 도와줬어.)

· 엄마: "They became best friends." (둘은 가장 친한 친구가 되었어.)

· 아이: "And they lived happily ever after."

(그리고 오래오래 행복하게 살았어.)

· 엄마: "The end! Great story!" (끝! 멋진 이야기였어!)


## 6. 단어 카드 만들기 (Making Flashcards)

· 엄마: "Let's make flashcards for new words."

(새 단어로 플래시카드를 만들자.)

· 아이: "What words should we start with?"

(어떤 단어부터 시작할까?)

· 엄마: "How about 'apple', 'banana', and 'cherry'?"

('사과', '바나나', '체리'는 어때?)

· 아이: "Okay! I'll draw the pictures." (좋아! 내가 그림을 그릴게.)

· 엄마: "I'll write the words." (내가 단어를 쓸게.)

· 아이: "Here's an apple." (여기 사과야.)

· 엄마: "Great drawing! Now let's do banana."

(잘 그렸어! 이제 바나나 해보자.)

· 아이: "Done! What's next?" (다 했어! 다음은 뭐야?)

· 엄마: "Cherry. You draw, I'll write." (체리. 네가 그리고, 내가 쓸게.)

· 아이: "Here it is!" (여기 있어!)

· 엄마: "Perfect! Let's practice with our new flashcards."
(완벽해! 새 플래시카드로 연습하자.)

## 7. 간단한 수학 문제 풀기 (Solving Simple Math Problems)

· 엄마: "What's 5 plus 3?" (5 더하기 3은 뭐야?)

· 아이: "8!" (8이야!)

· 엄마: "Correct! How about 7 minus 2?" (맞았어! 7 빼기 2는?)

· 아이: "That's 5." (그건 5야.)

· 엄마: "Good job! Now let's try 6 times 2."
(잘했어! 이제 6 곱하기 2 해보자.)

· 아이: "12!" (12야!)

· 엄마: "Great! What's 9 divided by 3?" (잘했어! 9 나누기 3은?)

· 아이: "3!" (3이야!)

· 엄마: "Excellent! You're good at math."
(훌륭해! 너 수학을 잘하는구나.)

· 아이: "I like math!" (수학 좋아해!)

## 8. 역할극 (Role-Playing)

· 엄마: "Let's play store. You be the cashier, I'll be the customer."

(가게 놀이하자. 네가 계산원 하고, 내가 손님 할게.)

· 아이: "Okay! Welcome to my store."

(좋아! 내 가게에 오신 걸 환영합니다.)

· 엄마: "Thank you. I'd like to buy this apple."

(고마워. 이 사과를 사고 싶어.)

· 아이: "That will be one dollar." (1달러입니다.)

· 엄마: "Here you go." (여기 있습니다.)

· 아이: "Thank you! Do you need a bag?"

(감사합니다! 봉투가 필요하신가요?)

· 엄마: "Yes, please." (네, 부탁해요.)

· 아이: "Here's your apple and receipt." (여기 사과와 영수증입니다.)

· 엄마: "Thank you! Have a nice day!"

(감사합니다! 좋은 하루 되세요!)

· 아이: "You too! Come again!" (손님도요! 또 오세요!)

## 9. 자연 관찰 (Nature Observations)

· 엄마: "Let's go for a nature walk." (자연 산책하자.)

· 아이: "What should we look for?" (뭘 찾아볼까?)

· 엄마: "Let's see how many different birds we can find."

(다른 새를 얼마나 많이 찾을 수 있는지 보자.)

· 아이: "I see a robin!" (나 로빈 봤어!)

· 엄마: "Good eye! What else do you see?"
(눈썰미 좋네! 또 뭐 보여?)

· 아이: "There's a blue jay!" (블루 제이 있어!)

· 엄마: "Beautiful! Can you hear any birds?"
(아름답다! 새 소리 들려?)

· 아이: "Yes, I hear chirping!" (응, 짹짹거리는 소리 들려!)

· 엄마: "Great! Let's keep looking and listening."
(좋아! 계속 찾아보고 들어보자.)

## 10. 퍼즐 맞추기 (Puzzle Solving)

· 엄마: "Let's put this puzzle together." (이 퍼즐 맞추자.)

· 아이: "Where should we start?" (어디서 시작할까?)

· 엄마: "Let's find all the edge pieces first."
(먼저 가장자리 조각을 찾자.)

· 아이: "Here are some." (여기 몇 개 있어.)

· 엄마: "Good! Let's connect them." (좋아! 연결해보자.)

· 아이: "I found a corner piece!" (나 모서리 조각 찾았어!)

· 엄마: "Great! Keep going." (잘했어! 계속하자.)

· 아이: "We're almost done!" (거의 다 했어!)

· 엄마: "Just a few more pieces." (몇 개만 더.)

· 아이: "We did it!" (우리가 해냈어!)

· 엄마: "Great teamwork!" (멋진 팀워크였어!)

## 놀이영어 표현 : 만 9~10세

### 1. 독서와 토론 (Reading and Discussion)

· 엄마: "Let's read a chapter from this book."
(이 책에서 한 챕터를 읽자.)

· 아이: "Okay, I'll read first." (좋아, 내가 먼저 읽을게.)

· 엄마: "What do you think of the main character?"
(주인공에 대해 어떻게 생각해?)

· 아이: "I think he's brave." (용감하다고 생각해.)

· 엄마: "Why do you think that?" (왜 그렇게 생각하니?)

· 아이: "Because he saved his friend." (친구를 구했으니까.)

· 엄마: "Good point. What would you do in his place?"
(좋은 지적이야. 네가 그의 입장이라면 어떻게 할 거야?)

· 아이: "I would try to help too." (나도 도우려고 노력할 거야.)

· 엄마: "That's very kind of you." (정말 착하구나.)

### 2. 과학 프로젝트 (Science Projects)

· 엄마: "Let's build a simple circuit." (간단한 회로를 만들어보자.)

- 아이: "What do we need?" (뭐가 필요해?)
- 엄마: "We need a battery, wires, and a light bulb."
(배터리, 전선, 그리고 전구가 필요해.)
- 아이: "I have the battery and wires."
(배터리와 전선은 내가 가지고 있어.)
- 엄마: "Great! Let's connect the wires to the battery."
(좋아! 전선을 배터리에 연결하자.)
- 아이: "Done! What's next?" (다 했어! 다음은 뭐야?)
- 엄마: "Now connect the other ends to the light bulb."
(이제 다른 쪽을 전구에 연결하자.)
- 아이: "Wow, it lights up!" (와, 불이 켜졌어!)
- 엄마: "Good job! Now you know how a circuit works."
(잘했어! 이제 회로가 어떻게 작동하는지 알겠지.)

## 3. 글쓰기 연습 (Writing Practice)

- 엄마: "Let's write a story together." (같이 이야기를 써보자.)
- 아이: "What should it be about?" (무슨 내용으로 할까?)
- 엄마: "How about an adventure in space?" (우주 모험 어때?)
- 아이: "Sounds fun! I'll start." (재밌겠다! 내가 시작할게.)
- 엄마: "Once upon a time, in a galaxy far away..."
(옛날 옛적, 먼 은하에서...)

· 아이: "...there was a young astronaut named Alex."
(...알렉스라는 어린 우주비행사가 있었어.)

· 엄마: "Alex discovered a new planet."
(알렉스는 새로운 행성을 발견했어.)

· 아이: "He decided to explore it." (탐험하기로 했어.)

· 엄마: "On the planet, he met friendly aliens."
(행성에서 친절한 외계인들을 만났어.)

· 아이: "They helped him find a hidden treasure."
(그들은 그가 숨겨진 보물을 찾도록 도와줬어.)

· 엄마: "Together, they had many adventures."
(함께 많은 모험을 했어.)

· 아이: "And they became best friends."
(그리고 가장 친한 친구가 되었어.)

· 엄마: "The end! Great story!" (끝! 멋진 이야기였어!)

## 4. 수학 퍼즐 (Math Puzzles)

· 엄마: "Let's solve this math puzzle." (이 수학 퍼즐을 풀자.)

· 아이: "Okay, what's the problem?" (좋아, 문제가 뭐야?)

· 엄마: "If you have 3 apples and you buy 4 more, how many do you have?" (사과 3개가 있고 4개를 더 사면, 총 몇 개가 되니?)

· 아이: "That's 7 apples." (7개야.)

· 엄마: "Correct! Now, if you eat 2, how many are left?"

(맞았어! 이제 2개를 먹으면 몇 개 남니?)

· 아이: "5 apples." (5개.)

· 엄마: "Good! What if you give away 1?" (좋아! 1개를 준다면?)

· 아이: "4 apples left." (4개 남아.)

· 엄마: "Excellent! You're doing great." (훌륭해! 정말 잘하고 있어.)

· 아이: "I like these puzzles." (이런 퍼즐 좋아해.)

## 5. 단어 찾기 (Word Search)

· 엄마: "Let's do this word search puzzle."

(이 단어 찾기 퍼즐을 풀자.)

· 아이: "What's the first word?" (첫 번째 단어는 뭐야?)

· 엄마: "Find 'ocean'." ('바다'를 찾아봐.)

· 아이: "Here it is!" (여기 있어!)

· 엄마: "Great! Now find 'ship'." (잘했어! 이제 '배'를 찾아봐.)

· 아이: "Found it!" (찾았어!)

· 엄마: "You're really good at this." (너 정말 잘하는구나.)

· 아이: "I like word searches!" (단어 찾기 좋아해!)

## 6. 독서 일기 쓰기 (Writing a Reading Journal)

· 엄마: "Let's write about the book we just read."

(방금 읽은 책에 대해 써보자.)

· 아이: "Okay! I'll start with the summary."

(좋아! 요약부터 시작할게.)

· 엄마: "What was the book about?" (책 내용이 뭐였니?)

· 아이: "It was about a girl who goes on an adventure."

(모험을 떠나는 소녀에 대한 이야기였어.)

· 엄마: "What was your favorite part?"

(가장 좋아하는 부분은 뭐였니?)

· 아이: "When she found the hidden treasure."

(그녀가 숨겨진 보물을 찾았을 때.)

· 엄마: "Why did you like that part?" (왜 그 부분이 좋았니?)

· 아이: "Because it was exciting and unexpected."

(흥미롭고 예상치 못했으니까.)

· 엄마: "Good! What did you learn from the book?"

(좋아! 책에서 뭘 배웠니?)

· 아이: "To be brave and never give up."

(용감하고 절대 포기하지 않는 것.)

## 7. 보드 게임 (Board Games)

· 엄마: "Let's play a board game." (보드 게임 하자.)

· 아이: "Which one?" (어떤 거?)

- 엄마: "How about Monopoly?" (모노폴리 어때?)

- 아이: "Okay! I'll be the banker." (좋아! 내가 은행원 할게.)

- 엄마: "I'll go first." (내가 먼저 할게.)

- 아이: "Your turn! Roll the dice." (네 차례야! 주사위를 굴려.)

- 엄마: "I got a 6. Move my piece, please."

(6 나왔어. 내 말을 움직여줘.)

- 아이: "Here you go. You landed on a chance card."

(여기 있어. 너 찬스 카드에 도착했어.)

- 엄마: "What's the card say?" (카드에 뭐라고 써있니?)

- 아이: "You win $200!" (200달러를 받으세요!)

- 엄마: "Yay! Your turn." (야호! 네 차례야.)

- 아이: "I got a 4. One, two, three, four... I landed on Park Place!"

(4 나왔어. 하나, 둘, 셋, 넷... 파크 플레이스에 도착했어!)

- 엄마: "Do you want to buy it?" (살래?)

- 아이: "Yes, please!" (응, 사줄래!)

## 8. 실험 기록 (Keeping an Experiment Journal)

- 엄마: "Let's record our science experiment results."

(과학 실험 결과를 기록하자.)

- 아이: "What should we write first?" (먼저 뭘 써야 해?)

- 엄마: "Start with the date and experiment name."

(날짜와 실험 이름부터 시작해.)

· 아이: "Okay, done." (좋아, 다 했어.)

· 엄마: "Now write down what we did step by step."
(이제 우리가 한 일을 단계별로 써봐.)

· 아이: "We mixed baking soda and vinegar."
(베이킹 소다와 식초를 섞었어.)

· 엄마: "What happened when we did that?"
(그렇게 했을 때 무슨 일이 일어났니?)

· 아이: "It fizzed and bubbled!" (거품이 일고 끓어올랐어!)

· 엄마: "Good! Now write down why that happened."
(좋아! 이제 왜 그런 일이 일어났는지 써봐.)

· 아이: "Because the acid and base reacted."
(산과 염기가 반응했기 때문이야.)

· 엄마: "Excellent observation!" (훌륭한 관찰이야!)

## 9. 역사 이야기 (History Stories)

· 엄마: "Let's learn about ancient Egypt."
(고대 이집트에 대해 배워보자.)

· 아이: "Cool! I love history." (멋지다! 역사 좋아해.)

· 엄마: "Did you know they built pyramids?"
(그들이 피라미드를 지은 거 알았니?)

- 아이: "Yes! They're amazing." (응! 정말 대단해.)
- 엄마: "What do you know about the pharaohs?"

(파라오에 대해 뭐 알고 있니?)

- 아이: "They were the kings of Egypt." (그들은 이집트의 왕이었어.)
- 엄마: "Right! And they believed in many gods."

(맞아! 그리고 많은 신들을 믿었어.)

- 아이: "I want to learn more about the gods."

(신들에 대해 더 알고 싶어.)

- 엄마: "Let's read this book about Egyptian mythology."

(이집트 신화에 관한 이 책을 읽어보자.)

- 아이: "Okay! This is so interesting." (좋아! 정말 흥미로워.)

## 10. 간단한 요리 (Simple Cooking)

- 엄마: "Let's make a fruit salad." (과일 샐러드를 만들자.)
- 아이: "Yummy! What do we need?" (맛있겠다! 뭐가 필요해?)
- 엄마: "We need apples, bananas, and grapes."

(사과, 바나나, 그리고 포도가 필요해.)

- 아이: "I'll wash the grapes." (내가 포도를 씻을게.)
- 엄마: "I'll cut the apples and bananas."

(내가 사과와 바나나를 자를게.)

- 아이: "Done! What's next?" (다 했어! 다음은 뭐야?)

- 엄마: "Let's mix them all in a big bowl." (큰 그릇에 다 섞자.)
- 아이: "Can I stir?" (내가 저어도 돼?)
- 엄마: "Of course! Stir gently." (물론이지! 천천히 저어.)
- 아이: "It looks delicious!" (맛있어 보여!)
- 엄마: "Let's taste it." (맛보자.)
- 아이: "Yum! We did a great job." (냠! 우리 정말 잘했어.)
- 엄마: "Yes, we did!" (맞아, 정말 잘했어!)

　이렇듯 연령대별 다양한 활동 예시들을 통해 부모와 자녀가 함께 즐겁고 유익한 시간을 보낼 수 있다. 물론 처음부터 아이가 따라 하려고 하진 않을 것이다. 그러나 토토리맘은 장담한다. 한 달, 두 달 그리고 6개월 정도의 기간에 접어들면 아이는 자연스레 엄마의 언어에 반응하고 있을 것이다.

# 영어를 즐기는 아이를 만드는 심화기법 : 고급표현과 전치사

영어란 단순히 의사소통을 위한 도구를 넘어, 전 세계적으로 사고의 틀과 문화적 표현을 이해하는 중요한 창구라고 생각한다. 그렇기에 영어를 진정으로 자유롭게 익히려면 더 깊고 정교한 표현력을 갖추는 것이 필요하다.

특히, 고급 영어 표현과 전치사를 자연스럽게 익히는 것은 아이들의 영어 실력을 한 단계 높이는 데 중요한 역할을 한다. 왜일까? 고급 영어 표현과 전치사는 영어를 익히는 과정에서 중요한 요소이다.

고급 표현은 단순히 단어를 나열하는 것을 넘어 감정과 생각을 더 세련되고 풍부하게 전달할 수 있도록 돕는다. 전치사는 문장의 의미를 구체적이고 명확하게 만들어주며, 영어를 논리적으로 사용할 수 있도록 이끌어준다.

예를 들어, 단순히 "good"이나 "bad"와 같은 기초 단어만 사용하는 데서 벗어나, "phenomenal(경이로운)", "extraordinary(놀라운, 대단한)", "disastrous(처참한, 형편없는)"같은 고급 형용사를 활용하면 더 미묘하고 섬세한 감정을 표현할 수 있다.

이러한 표현들은 영어의 아름다움과 뉘앙스를 느낄 수 있게 해주며, 아이들의 어휘력을 폭넓게 확장시킨다. 전치사 역시 영어 문장에서 의미와 논리를 명확히 하는 데 필수적이다.

'The book is on the table.'과 'The book is under the table.'처럼 전치사 하나만으로도 문장이 전혀 다른 이미지를 전달할 수 있다.

또한, 전치사는 공간적, 시간적 관계를 나타내는 데 핵심적인 역할을 하며, 영어 문장을 더 정확하고 구체적으로 만들어준다.

특히, "beneath(아래에)", "amidst(~의 한가운데에)", "throughout(~의 도처에)"같은 고급 전치사를 익히면 아이들이 상황을 더 세밀하고 논리적으로 설명할 수 있다.

어린 시절부터 이러한 고급 영어 표현과 전치사를, 놀이를 통해 자연스럽게 익히는 것은 단순히 시험 점수를 높이는 데 그치지 않는다. 이는 아이들이 영어를 통해 세상을 더 깊이 이해하고, 자신의 감정과 생각을 더욱 정확하게 표현할 수 있는 도구를 제공한다.

이번에는 연령대별로 적합한 고급 영어 표현과 전치사를 재미있고 자연스럽게 학습할 수 있는 놀이 영어 방법을 제안하고자 한다. 놀이와 활동을 통해 영어를 배우는 과정에서 아이들은 자신감을 키우고, 영어의 아름다움과 풍부함을 경험하게 될 것이다.

〈연령별 학습방법〉

## 만 3~4세 : 놀이와 노출로 자연스럽게 배우기

- 고급 영어 표현 학습

1) 스토리텔링: 짧고 단순한 이야기 속에서 감탄사와 반복적인 표현을 사용한다.

예: "Oh my goodness!" (이런 맙소사!), "What a big surprise!" (정말 큰 놀라움이야!), "It's amazing!" (정말 놀라워!)

2) 노래 활용: 동요나 율동으로 재미있게 표현을 접한다.

예: "How wonderful!" (정말 멋져!), "That's incredible!" (정말 대단해!)

- 고급 전치사 학습

1) 물건과 행동: 전치사를 활용해 놀잇감을 배치하며 학습한다.

예: "Put the ball beneath the chair." (공을 의자 아래에 두세요.)
  "The doll is next to the box." (인형이 상자 옆에 있어요.)

2) 그림책 활용: 그림책 속 장면을 설명하며 전치사를 반복적으로 노출한다.

예: "The cat is amidst the flowers." (고양이가 꽃들 사이에 있어요.)
  "The car is between the trees." (자동차가 나무들 사이에 있어요.)

## 만 4~5세: 감각적인 접근과 흥미 유도하기

- 고급 영어 표현 학습

1) 칭찬과 감정 표현: 긍정적인 표현을 자주 사용해 익숙해지게 한다.

예: "You did a fantastic job!" (정말 훌륭히 해냈구나!), "That's absolutely perfect!" (정말 완벽해!), "How delightful!" (정말 기쁘구나!)

2) 손 인형 놀이: 인형을 활용해 대화를 진행하며 자연스럽게 표현을 익힌다.

예: "What a fantastic idea!" (정말 훌륭한 아이디어구나!), "I can't believe it!" (정말 믿을 수 없어!)

- 고급 전치사 학습

1) 퍼즐과 블록 놀이: 블록을 쌓으며 위치를 설명하는 표현을 익힌다.

예: "Stack the block on top of the blue one." (블록을 파란 블록 위에 쌓으세요.) / "Place it beneath the red piece." (빨간 조각 아래에 놓으세요.)

2) 노래와 춤: 율동을 통해 전치사를 익힌다.

예: "Go through the tunnel." (터널을 지나가세요.), "Jump over the rope." (줄을 넘으세요.)

### 만 5~6세: 이야기와 패턴 학습으로 심화하기

- 고급 영어 표현 학습

1) 동화책 활용: 다양한 캐릭터의 대사를 따라 하며 표현을 익힌다.

예: "What a brilliant plan!" (정말 훌륭한 계획이야!), "That's utterly amazing!" (정말 엄청난 일이야!)

2) 퀴즈 게임: 아이가 표현을 완성하도록 유도한다.

예: "If I were you, I would…" (내가 너라면 나는 ~할 거야), "This is the most extraordinary day ever!" (이건 정말 가장 특별한 날이야!)

- 고급 전치사 학습

1) 미니 미션 게임: 전치사를 활용한 미션을 수행한다.

예: "Hide the toy behind the curtain." (장난감을 커튼 뒤에 숨기세요.)
 "Walk across the bridge." (다리를 건너세요.)

2) 그림 그리기: 그림을 그리며 전치사를 포함한 문장으로 지시한다.

예: "Draw a sun above the house." (집 위에 태양을 그리세요.)
 "Place a tree beside the road." (길 옆에 나무를 두세요.)

### 만 7~8세: 대화를 통한 활용 능력 키우기

- 고급 영어 표현 학습

1) 문장 완성 게임: 아이가 문장을 완성하며 더 깊은 표현을 익히도록

한다.

예: "Incredible! I've never seen anything like it." (믿을 수 없어! 이런 건 본 적이 없어.), "That's absolutely marvelous!" (정말 굉장히 멋져!)

2) 역할극: 상황에 맞는 표현을 사용해 대화를 진행한다.

예: "Could you explain why this happened?" (왜 이런 일이 일어났는지 설명해 줄 수 있니?), "I am so impressed by your work." (네 작품에 정말 깊은 인상을 받았어.)

- 고급 전치사 학습

1) 지도 활용: 길 찾기 활동을 통해 전치사를 익힌다.

예: "Turn left at the corner." (모퉁이에서 왼쪽으로 도세요.), "Walk through the park to reach the house." (공원을 지나 집에 도달하세요.)

2) 팀 놀이: 협력 게임에서 전치사를 사용해 행동을 설명한다.

예: "Stand in front of your friend." (친구 앞에 서세요.), "Pass the ball across the field." (공을 필드 건너로 패스하세요.)

## 만 8~9세: 독립적 활용과 심화 학습

- 고급 영어 표현 학습

1) 창작 활동: 아이가 직접 이야기를 만들어 발표한다.

예: "Once upon a time, there was a magnificent castle." (옛날 옛날에, 웅장한 성이 있었어요.), "It was the most remarkable adventure." (그것은 정말 특별한 모험이었어요.)

2) 토론: 아이가 자신의 생각을 고급 표현으로 표현할 수 있도록 유도한다.

예: "In my opinion, this is a groundbreaking idea." (내 생각에는, 이것은 획기적인 아이디어야.), "I strongly believe this is the best choice." (나는 이것이 최고의 선택이라고 굳게 믿어.)

- 고급 전치사 학습

1) 실생활 프로젝트: 만들기 활동에서 전치사를 활용한다.

예: "Attach the ribbon to the edge of the card." (리본을 카드의 가장자리에 붙이세요.), "Place the glue underneath the paper." (풀을 종이 아래에 두세요.)

2) 심화 독서: 책 속에서 전치사를 찾아 문장을 분석한다.

예: "The treasure was hidden beneath the old oak tree." (보물은 오래된 참나무 아래에 숨겨져 있었다.), "The birds flew amidst the clouds." (새들이 구름 사이를 날아다녔다.)

이렇듯 연령별로 적합한 접근 방식을 통해 아이들이 영어를 더 깊이 이해하고 즐길 수 있도록 돕게 된다. 아이들이 어린 시절부터 이러한 고급 표현 익히기를 통해 자신감을 얻고, 영어를 통해 더 깊은 감정과 논리를 탐험할 수 있을 것이다.

## 놀이를 통한 영어학습이 '왜' 중요할까?

놀이를 통한 학습은 아이들에게 자연스럽고 즐겁게 영어를 배우게 하는 가장 효과적인 방법의 하나다. 아이들은 놀이를 통해 새로운 개념을 쉽게 이해하고, 자신감을 얻을 수 있다.

놀이를 통해 배우는 영어의 또 다른 장점은, 언어를 사용하며 얻는 자산이 단순히 어휘와 문법을 넘어선다는 점이다. 아이들은 놀이 속에서 감정을 표현하고, 친구들과 협력하며, 문제를 해결하는 방법을 배우게 된다.

예를 들어, 우드스쿨에서 토토리가 친구들과 함께 블록을 쌓으며 "Can you help me put this here?"라고 말했던 장면이 떠오른다. 단순한 블록 놀이였지만, 토토리는 도움을 요청하고 자기의 생각을 영어로 전달하며 협력의 가치를 배웠다. 이러한 경험은 언어를 단순한 도구가 아닌, 관계를 맺고 세상을 탐험하는 창으로 인식하게 만든다. 놀이 영어 방식을 다음과 같이 다시 정리해보자.

### 1. 역할놀이

역할놀이는 아이들이 영어를 사용하여 다양한 상황을 연기하면서 영어 표현을 익히게 한다. 예를 들어, 가게에서 물건을 사고파는 역할놀이를 하면서 영어로 대화를 나누는 방법이다. "Can I buy this?", "How much is it?" 등의 표현을 자연스럽게 익힐 수 있다.

이러한 역할놀이를 통해 아이들은 실제 생활에서 사용할 수 있는 영어 표현을 익히게 되고, 이는 언어 학습의 실용성을 높인다. 아이가 실제 상황에서 영어를 사용하는 데 있어 자신감을 키우는 데 큰 도움이 된다.

### 2. 영어 동요와 노래

아이들이 좋아하는 동요나 노래를 영어로 부르면서 영어를 익히게 하는 방법이다. 영어 동요를 자주 들려주고, 함께 따라 부르면서 발음과 억양을 익힐 수 있다. 'Twinkle, Twinkle, Little Star'나 'Old MacDonald Had a Farm' 같은 노래는 아이들이 쉽게 따라 부를 수 있다.

영어 동요와 노래를 부르는 것은 아이들이 영어의 리듬과 억양을 자연스럽게 익히는 데 도움이 된다. 예를 들어, 'Twinkle, Twinkle, Little

Star'를 부르면서 아이는 영어의 음운 패턴을 익히게 된다. 이는 나중에 영어 발음과 억양을 정확하게 구사하는 데 큰 도움이 된다.

### 3. 그림책 읽기

영어 그림책을 읽어주면서 아이들에게 영어를 가르치는 방법이다. 그림책은 아이들이 그림을 보면서 이야기를 이해할 수 있어 영어 표현을 쉽게 익힐 수 있다. 'The Very Hungry Caterpillar'나 'Brown Bear, Brown Bear, What Do You See?' 같은 책은 아이들이 좋아할 만한 이야기로 구성되어 있다.

그림책 읽기는 아이들이 시각적인 요소를 통해 영어를 쉽게 이해하고, 단어와 문장 구조를 자연스럽게 익히는 데 도움이 된다. 예를 들어, 'The Very Hungry Caterpillar'를 읽으면서 아이는 'hungry', 'caterpillar'와 같은 단어와 더불어 숫자와 요일에 관한 표현을 익히게 된다.

### 4. 영어 놀이 게임

아이들이 좋아하는 놀이 게임을 영어로 진행하면서 영어를 익히게 하는 방법이다. 예를 들어, 숨바꼭질할 때 "Ready or not, here I come!"이나 "You found me!" 같은 표현을 사용할 수 있다. 보드게임을 영어로 진행하면서 게임 속에서 사용하는 표현을 자연스럽게 익힐 수 있다.

영어 놀이 게임은 아이들이 즐겁게 영어를 학습할 수 있는 기회를 제공하며, 놀이를 통해 영어 표현을 자연스럽게 익힐 수 있다. 예를 들어, 숨바꼭질하면서 "Ready or not, here I come!"이라는 표현을 반복적으로 사용하게 되며, 이는 아이가 영어 문장을 자연스럽게 기억하게 만드는 효과가 있다.

### 5. 영어를 통한 문화 경험 제공하기

영어는 단순히 언어 그 자체가 아니라, 새로운 문화를 경험하고 이해하는 도구가 된다. 내가 토토리와 함께 디즈니 영화 '알라딘'을 보며 중동 문화를 이야기했던 시간은 단순히 영화 감상이 아니었다. 영어를 통해 중동의 사막, 궁전, 신비한 이야기 속으로 들어가는 경험이었다.

영어로 된 콘텐츠를 함께 보며 아이와 대화를 나눠보자. "What do you think about Aladdin's adventure?"라는 질문을 던지며 아이가 자기 생각을 영어로 표현할 기회를 만들어주는 것이다. 이 과정에서 아이는 단순히 영어를 배우는 것이 아니라, 그 언어가 열어주는 새로운 세계를 탐험하게 된다.

아이에게 영어는 단순한 학습의 도구가 아니라, 새로운 세계로의 초대장이 되어야 한다. 이 초대장은 아이에게 무한한 상상력을 제공하고, 더 큰 꿈을 꾸게 만든다.

# 집에서 영어학습 환경 조성하기

집에서도 아이들이 영어를 자연스럽게 접할 수 있는 환경을 조성하는 것이 중요하다. 영어를 사용하는 상황을 만들고, 영어로 대화할 기회를 많이 제공해 주는 것이 좋다.

### 1. 영어 사용 시간 정하기

하루 중 일정 시간을 정해 영어만 사용하는 시간을 가지는 것도 좋은 방법이다. 예를 들어, 저녁 식사 시간이나 놀이 시간에 영어만 사용하기로 정하고, 그 시간 동안은 부모님과 아이가 영어로 대화하는 것이다. 이렇게 하면 아이가 영어를 자연스럽게 사용할 수 있는 기회를 많이 가질 수 있다.

영어 사용 시간을 정함으로써 아이는 일상적인 상황에서도 영어를 사용할 수 있는 기회를 가지게 된다. 이는 아이가 영어를 학습 언어가 아닌 의사소통 도구로 인식하게 만드는 데 도움이 된다. 예를 들어, 저녁 식사 시간에 "Pass me the salt, please."와 같은 표현을 사용하면서 아이는 영어로 의사소통하는 것에 익숙해지게 된다.

### 2. 영어 미디어 활용

영어로 된 동영상, 애니메이션, 동화 등을 자주 보여주면서 영어를 접할 수 있도록 해주는 것도 좋다. 아이들이 좋아하는 캐릭터가 나오는 영어 애니메이션을 자주 보여주고, 그 내용에 대해 영어로 이야기해 보는 것도 좋은 방법이다. 영어 미디어는 아이들이 재미있게 영어를 접할 수 있는 수단이 된다. 예를 들어, 'Peppa Pig'와 같은 애니메이션을 보면서 아이는 자연스럽게 영어 표현과 어휘를 익히게 된다. 애니메이션을 본 후, "What was your favorite part?"와 같은 질문을 통해 내용을 영어로 이야기해 보게 함으로써 아이의 영어 표현력을 향상시킬 수 있다.

### 3. 영어 학습 도구 활용

아이들이 좋아할 만한 영어 학습 도구를 활용하여 영어를 가르치는 것도 좋다. 영어로 된 장난감, 퍼즐, 플래시 카드 등을 사용하면서 영어를 배우게 하는 것이다. 이렇게 하면 아이들이 놀이를 통해 자연스럽게 영어를 익힐 수 있다. 영어 학습 도구는 아이들이 놀이를 통해 영어를 즐겁게 학습할 수 있도록 도와준다. 예를 들어, 영어 플래시 카드를 사용하여 단어를 익히게 함으로써 아이는 시각적 기억과 연상 작용을 통해 단어를 더 쉽게 기억하게 된다.

# 생활 속에서 자연스럽게 영어를 사용할 기회를 만들어주자

실생활에서 영어를 사용하는 기회를 만드는 것은 영어 학습의 중요한 요소 중 하나이다. 영어를 단순히 학문적인 도구로 배우는 것을 넘어, 실제로 사용하며 자신감을 얻고 실력을 키우는 것은 매우 효과적이다. 아이들이 영어를 자연스럽게 익히고 자신만의 언어로 체득하기 위해 실생활에서 영어를 활용할 수 있는 다양한 방법을 살펴보자.

## 1. 외국인 친구 사귀기

외국인 친구를 사귀는 것은 영어 실력을 자연스럽게 향상시키는 훌륭한 방법이다. 아이들이 외국인 친구와 영어로 대화하며 소통하게 되면, 교과서적인 영어가 아닌 실제 생활에서 사용하는 실용적인 영어를 익히게 된다. 이러한 경험은 영어 학습에 대한 동기를 높이고, 언어적 장벽을 허물어주는 데 큰 도움이 된다.

국제 교류 프로그램에 참여하거나, 영어 학원을 통해 외국인 친구를 사귈 수 있는 기회를 제공하는 것이 좋은 출발점이 될 수 있다. 최근에는 다양한 온라인 플랫폼이나 커뮤니티를 통해 외국인 친구를 만날 수 있는 방법도 많아졌다. 예를 들어, 아이들이 관심 있는 분야에 대해 영어로 대화할 수 있는 글로벌 동호회나 온라인 스터디 그룹에 참여할 수도 있다.

외국인 친구와의 대화는 실제로 영어를 사용해야 하는 상황을 만들어주므로, 아이들이 영어로 생각하고 표현하는 능력을 키울 수 있는 실질적인 기회를 제공한다. 처음에는 간단한 인사말이나 질문에서 시작해 점차 복잡한 대화를 나누며 자신감을 키울 수 있다. 예를 들어, "What games do you like to play?" 또는 "Where are you from?"과 같은 간단한 질문부터 시작해, 아이들이 점점 자연스럽게 영어로 이야기할 수 있는 환경을 만들어줄 수 있다.

이 과정에서 중요한 점은 아이들에게 완벽한 문장을 요구하기보다는, 그들이 영어로 말하는 데 대한 두려움을 없애주는 것이다. 틀리더라도 외국인 친구와 소통하며 점차 배우는 것이 핵심이다. 또한, 외국인 친구와 함께 프로젝트를 하거나, 취미 생활을 공유하며 영어로 대화한다면 더욱 효과적인 학습이 가능하다.

### 2. 해외여행

해외여행은 영어를 실생활에서 사용하며 자신감을 키울 수 있는 또 다른 좋은 방법이다. 여행은 아이들이 직접 영어로 대화하고 소통해야 하는 상황을 만들어 주기 때문에, 이론적인 영어 학습에서 벗어나 실제적인 언어 사용 경험을 제공한다. 아이들이 여행지에서 "Can we have the menu, please?" 또는 "How much is this?"와 같은 표현을 사용하며 영어에 대한 친밀감을 느끼게 되는 것이다.

여행을 통해 영어를 사용하는 기회를 제공하면, 아이들은 새로운 환경 속에서 다양한 문화를 체험하며 영어를 보다 실용적으로 배우게 된다. 여행 중 영어를 사용하는 것은 단순히 학습의 일부가 아니라, 생존을 위한 필수 도구로 작용하기 때문에 아이들의 동기를 더욱 높일 수 있다. 또한, 현지 가이드와의 대화나 레스토랑에서의 주문, 호텔 체크인 과정에서 자연스럽게 영어를 사용할 수 있는 기회를 만들 수 있다.

부모는 여행 전 아이들에게 예상되는 상황에 맞는 표현이나 단어를 간단히 알려주고, 여행 중 실제로 사용할 때 이를 적용하도록 도울 수 있다. 예를 들어, 공항에서 "Where is the baggage claim?"이라고 물어보거나, 기념품 가게에서 "Do you have this in another size?"라고 질문해 보는 식으로 아이들이 다양한 상황에서 영어를 사용하도록 유도할 수 있다.

그뿐만 아니라, 해외여행은 아이들에게 세계의 다양한 문화를 경험하고 새로운 시각을 얻는 기회를 제공한다. 다른 나라의 사람들과 영어로 소통하며 그들의 문화를 배우는 경험은 단순히 영어 실력 향상을 넘어, 글로벌 시민으로 성장하는 데 중요한 역할을 한다. 아이들은 이를 통해 언어 학습의 필요성과 중요성을 더욱 깨닫게 되고, 영어를 배우는 데 흥미를 느끼게 된다.

위의 두 가지 방법 외에도 일상에서 영어를 접하는 환경을 조성하는 것은 매우 중요하다. 집에서 영어로 된 책을 읽거나, 영어 애니메이션이나 영화를 시청하며 자연스럽게 언어를 익히는 것도 좋은 방법이다. 또한, 가족끼리 하루에 몇 분이라도 영어로 대화하는 시간을 가지며 실생활에서 영어 사용을 장려할 수도 있다.

예를 들어, 가족이 함께 식사할 때 영어로 간단한 대화를 나누거나, 쇼핑을 가기 전에 필요한 물건을 영어로 리스트업 해보는 식의 활동을 통해 영어를 실생활과 연결할 수 있다. 이러한 활동은 아이들이 영어를 실용적으로 사용하도록 도와주며, 언어에 대한 흥미와 자신감을 키워준다.

영어는 단순히 책 속의 학문이 아니라, 실제로 사용하면서 익히는 것이 중요하다. 외국인 친구를 사귀거나, 해외여행을 통해 영어를 사용하는 환경을 조성하면, 아이들은 영어에 대한 자신감을 얻고 실력을 키울 수 있다. 이와 함께, 실생활에서 자연스럽게 영어를 접할 수 있는 다양한 방법을 활용하여 아이들이 영어를 즐겁게 배우고 성장할 수 있도록 돕는 것이 중요하다.

# 다시 고민해보는 부모의 역할

아이의 영어 학습에서 부모는 중요한 동반자이자 가이드 역할을 한다. 부모가 아이가 영어를 배우는 과정에 적극적으로 참여하고 긍정적인 환경을 만들어 준다면, 아이는 영어를 보다 즐겁고 자연스럽게 익힐 수 있다. 특히 부모의 격려와 지원은 아이가 영어에 대한 두려움을 극복하고 자신감을 가지는 데 큰 도움을 준다. 아래에서 부모가 아이의 영어 학습을 돕기 위해 할 수 있는 역할과 그 중요성에 대해 구체적으로 살펴보자.

- 긍정적인 피드백 제공

아이에게 긍정적인 피드백을 자주 해주는 것은 영어 학습 과정에서 매우 중요한 요소다. 아이가 영어로 말하려고 할 때마다 부모가 작은 칭찬이라도 해주면, 아이는 영어에 대한 자신감을 가지게 되고, 스스로 영어를 사용하는 데 대한 흥미를 느끼게 된다. 이때 부모의 칭찬은 단순한 격려를 넘어, 아이의 노력과 성취를 인정해 주는 메시지를 담아야 한다.

예를 들어, 아이가 간단한 영어 문장을 말했을 때, "잘했어!", "좋아!" 같은 짧고 간단한 칭찬을 건네는 것은 아이에게 큰 힘이 된다. 또 아이가 조금 더 긴 문장을 말하거나 새로운 표현을 사용할 경우에는 "Wow, that's a great sentence! You're really improving!"과 같이 구체적으로 칭찬해 주면 더 큰 동기를 줄 수 있다.

또한 영어로 대화를 시도했을 때 결과가 부족하더라도 "It's okay, you're doing so well! Keep trying!"이라고 격려해 준다면, 아이는 실패를 두려워하지 않고 지속적으로 도전하려는 태도를 가지게 된다.

긍정적인 피드백은 아이의 학습 동기를 높이고, 영어에 대한 자신감을 키우는 데 매우 중요하다. 아이가 칭찬받을 때 느끼는 긍정적인 감정은 영어를 학습하는 데 있어서 지속적인 원동력이 된다. 칭찬을 통해 아이는 영어를 단순히 학습 과목이 아닌 즐거운 경험으로 받아들이게 된다.

**- 부모가 함께 영어 공부하기**

부모가 아이와 함께 영어를 공부하는 것은 아이에게 안정감을 줄 뿐만 아니라, 영어 학습에 대한 긍정적인 태도를 형성하는 데 도움이 된다. 부모가 먼저 모범을 보이며 영어를 배우는 즐거움을 보여준다면, 아이는 자연스럽게 영어에 대한 흥미를 느끼게 된다. 부모와 아이가 함께하는 영어 공부는 단순히 언어 학습을 넘어 소중한 유대감을 형성하는 기회가 된다.

### 1. 영어책 함께 읽기

부모와 아이가 함께 'Green Eggs and Ham' 또는 'The Very Hungry Caterpillar'와 같은 영어 동화책을 읽으면서 이야기를 나눌 수 있다. 부모가 책 속 문장을 읽은 후 아이가 따라 읽게 하거나, 이야기와 관련된 질문을 영어로 던지며 대화를 나누는 방식으로 영어를 접할 수 있다.

### 2. 영어 노래와 게임

'If You're Happy and You Know It'과 같은 영어 노래를 부르거나, 플래시 카드 게임을 통해 재미있게 영어 단어를 익힐 수 있다. 또 간단한 영어 단어 맞추기 퀴즈를 하거나, 영어 단어로 가족 간 미니 스펠링 대회를 여는 것도 효과적이다.

### 3. 생활 속 영어 표현 활용하기

식사 시간에 "What would you like to eat today?"와 같은 질문을 하거나, 외출할 때 "Let's put on our shoes!"라고 말하는 등 일상에서 영어를 자연스럽게 사용하는 모습을 보여주는 것이 좋다.

부모와 함께 영어를 공부하는 시간은 아이에게 단순한 학습 이상의 의미를 부여한다. 부모의 참여는 아이에게 안정감을 주고, 영어를 더 재미있고 의미 있게 느끼도록 돕는다. 아이는 부모와 함께하는 활동을 통해 영어를 배울 뿐만 아니라, 언어 학습에 대한 긍정적인 경험을 쌓게 된다.

**- 실수를 두려워하지 않도록 격려하기**

아이들에게 실수를 두려워하지 않도록 격려하는 것은 영어 학습 과정에서 가장 중요한 부분 중 하나다. 영어를 배우는 과정에서 실수는 자연스러운 일이며, 실수를 통해 아이들은 더 많은 것을 배우게 된다. 부모는 아이가 실수에 대한 두려움 대신, 실수를 통해 성장할 수 있다는 긍정적인 마인드를 가지도록 도와주어야 한다.

아이가 "I goed to the park"라고 잘못 말했을 때, "You mean 'I went to the park,' but that's a great try! Keep it up!"이라고 말하며 실수를 바로잡아주되, 부정적인 피드백을 주지 않는 것이 중요하다. 또 영어 단어를 잘못 발음했을 때도 "That's close! Try it like this: ___"와 같이 차분하고 친절하게 가르쳐주며 아이의 노력을 인정해 주는 태도가 필요하다.

부모 스스로 영어를 사용하는 모습에서 실수하는 경우, "Oops, I made a mistake, too! Let's try again together!"라고 말하며 실수에 대해 긍정적인 태도를 보여주는 것도 좋은 방법이다.

실수를 두려워하지 않도록 격려하는 것은 아이가 영어를 배우는 데 있어 심리적인 장애물을 없애주는 데 큰 역할을 한다. 아이가 실수를 통해 배우고, 반복하며 자연스럽게 영어를 익히도록 돕는 것은 학습에 대한 자신감을 키워준다. 실수를 부정적으로 받아들이지 않게 되면, 아이는 영어 사용을 더 자유롭게 시도하게 되고, 실질적인 의사소통 능력을 점차 향상시킬 수 있다.

부모는 아이가 영어를 즐겁게 배우고, 자신감을 가지며, 꾸준히 학습할 수 있도록 돕는 가장 중요한 역할을 한다. 긍정적인 피드백을 통해 아이의 영어 학습 동기를 높이고, 함께 영어를 공부하며 유대감을 형성하며, 실수를 두려워하지 않도록 격려하는 것은 아이의 영어 실력 향상뿐 아니라 전반적인 언어 학습 태도에도 큰 영향을 미친다. 이러한 부모의 노력은 아이가 영어를 학습 과목으로만 생각하지 않고, 실제 삶에서 활용할 수 있는 유용한 도구로 받아들이게 만드는 데 결정적인 역할을 한다.

따라서 부모가 아이와 함께 영어 학습을 위해 지속적으로 노력하고 지원한다면, 아이는 영어에 대한 흥미와 자신감을 가지고 성장하게 될 것이다.

〈에피소드. 부모의 믿음과 자율성〉

　　나의 엄마가 나에게 가장 잘 해주셨던 점 중 하나는 바로 '여유로운 자세'를 보여주셨다는 것이다. 엄마는 내가 하고 싶은 것에 대해 결코 강요하지 않으셨다. 환경을 조성해 주시면서도, 내가 다른 걸 해보고 싶다고 말하면 "그래? 해봐~" 하고 흔쾌히 허락해 주셨고, 반대로 "하기 싫어요"라고 하면 "응~ 하지 마."라며 쉽게 받아들이셨다. 그 여유롭고 편안한 태도 덕분에 나는 무언가를 스스로 선택하고 결정할 수 있는 자유를 누릴 수 있었다.

　　물론, 우리 가족도 경제적인 사정이 어려워지면서 내가 스스로 학원을 다니지 않는 등 자율적으로 선택하게 된 측면도 있었다. 하지만 기본적으로 엄마의 태도는 나에게 과도한 부담이나 강요를 주지 않는 것이었다. 이 태도는 나에게 오히려 더 큰 자율성을 부여했다. 엄마가 무언가를 강제로 시키지 않으셨기 때문에, 나는 스스로 하고 싶다는 동기를 느끼게 되었고, 그로 인해 내가 원하는 것에 더 깊이 몰입할 수 있었다. 어쩌면 엄마는 이런 결과를 의도하고 그러한 태도를 취하신 것일 수도 있다.

　　엄마는 나에게 자연스러운 배움의 환경을 조성해 주셨다. 예를 들어, 내가 책을 좋아하도록 책을 자주 읽어주시거나, 영어에 흥미를 느낄 수 있도록 영어 관련 자료를 자연스럽게 접할 수 있게 해 주셨다. 그러나 이 과정에서도 엄마는 결코 "이건 꼭 해야 한다."라고 강요하지 않으셨다. 대신, 내가 무언가에 흥미를 보이면 "그래? 그럼, 한번 해보자."라는 긍정적인 반응을 보여주셨다. 만약 내가 하다가 흥미를 잃고 "하기 싫어요"라고 하면, 엄마는 "그래, 안 해도 돼~"라며 나를 부담에서 해방시켜 주셨다.

이런 여유로운 태도는 아이였던 나에게 큰 자유와 책임감을 동시에 심어주었다. 강요하지 않으셨기 때문에 나는 스스로 선택하는 과정에서 더 큰 동기와 열정을 느낄 수 있었다. 예를 들어, 내가 영어를 배우고 싶어 했을 때 엄마는 굳이 학원을 강요하지 않으셨다. 대신, 내가 원하는 방식으로 영어를 접할 수 있는 환경을 만들어 주셨다. 결과적으로, 영어를 배우는 과정에서 내가 스스로 선택하고 주도권을 가질 수 있었던 것이 큰 장점이었다.

엄마의 이러한 태도는 나에게 '반작용' 같은 효과를 불러일으켰다. 강요하지 않으셨기 때문에, 오히려 내가 더 하고 싶어지는 마음이 들었다. 무언가를 억지로 하라고 하면 부담스러워질 수 있었겠지만, 엄마는 늘 나의 선택을 존중해 주셨다. 그러다 보니 스스로 흥미를 느낀 일에 대해 더 깊이 파고들고 싶어졌다. 영어 학습뿐만 아니라 다른 여러 활동에서도 마찬가지였다. 내가 새로운 것을 배우고 싶다고 하면 엄마는 "그래, 한번 해봐"라고 말했고, 만약 내가 그만두고 싶다고 하면 "응, 그럼 하지 마"라고 말하며 내 선택을 존중해 주셨다.

어쩌면 엄마는 이런 효과를 노리셨던 것 같다. 아이가 강요 없이 스스로 선택할 수 있는 환경을 만들어 주면, 자연스럽게 아이가 주도적으로 무언가를 하게 된다는 것을 알고 계셨던 것 같다. 나중에 내가 부모가 되어 보니, 엄마의 이 방식이 얼마나 현명한 선택이었는지 더 깊이 느끼게 되었다. 그래서 나도 토토리를 키울 때 엄마의 방식을 따라 해 보려고 노력한다.

나는 토토리에게도 비슷한 방식을 시도한다. 무언가를 해보겠다고 하면, "그래, 해보자"라고 응원해 주고, 하다가 힘들어하거나 그만두고 싶다고 하면, "그래, 그만해도 돼"라고 자율성을 준다. 아이가 스스로 책임감을 느끼도록 적절한 조언과 지원은 하지만, 기본적으로 아이가 선택의 주도권을 갖도록 하는 것을 중요하게 생각한다. 이런 태도가 아이의 자율성과 자기 주도적인 학습 태도를 기르는 데 매우 효과적이라는 것을 나 자신이 경험을 통해 배웠기 때문이다.

엄마의 여유로운 태도는 나에게 단순히 자유를 주는 것 이상의 의미를 가졌다. 그것은 바로 나에 대한 믿음을 보여주는 방식이었다. 엄마는 내가 내 인생에서 중요한 결정을 스스로 내릴 수 있는 힘이 있다고 믿으셨고, 그것을 존중해 주셨다. 엄마의 이러한 믿음은 내가 스스로에게도 신뢰를 갖게 했다. 내가 선택한 일에 대해 더 책임감과 자부심을 느끼게 되었고, 그 결과 더 열심히 노력할 수 있었다.

결국 나를 성장시키는 데 있어 큰 영향을 미친 것은 강요가 아니라 선택의 자유를 주면서 나를 믿어준 엄마의 방식이었다. 이것이 스스로 동기를 부여하는 힘을 길러주었다. 지금의 나도 무언가를 결정하거나 새로운 도전을 할 때, 그 선택에 대한 책임감을 가지고 끝까지 노력할 수 있는 힘을 갖게 되었다.

엄마의 여유로운 자세는 단순히 아이에게 편안함을 주는 것을 넘어, 아이의 자율성과 주도성을 키우는 데 중요한 역할을 한다. 그리고 그 태도는 단순한 방임이 아니라, 아이가 스스로 선택하고 성장할 수 있도록 적절히 환경을 조성하고 지원하는 현명한 방식이었다. 나도 아이를 키우며 엄마의 방식을 닮고 싶다. 강요나 부담 없이 아이가 스스로 동기를 발견하고, 자신의 선택에 자부심을 느끼며 성장할 수 있는 환경을 만들어 주는 것. 그것이야말로 진정한 부모의 믿음과 사랑이 아닐까 싶다.

# 3장. 오늘도 아이와 함께 영어하기

## 01

# 감사의 표현

아이와 집에서 간단히 나누면서 아이의 영어 실력을 확 끌어올릴 수 있는 간단한 영어 표현 중 대표적인 것이 바로 감사를 영어로 표현하는 것이다. 감사의 표현은 아이들에게 중요한 교육 요소이다. 3살부터 8살까지의 아이들이 부모와 대화하면서 감사의 표현을 배우고 연습할 수 있도록 나이를 고려한 대화를 구성해 보았다.

**〈만 3~4세 아이와 대화하기〉**

상황. 아이가 엄마에게 간식을 받았을 때
엄마 : "Here's your snack, sweetie." (여기 간식이야, 아가.)
아이 : "Thank you, Mommy!" (고마워요, 엄마!)
엄마 : "You're welcome! I'm glad you like it." (천만에! 네가 좋아하니 엄마도 기뻐.)

상황. 아빠가 아이를 도와줄 때
아빠 : "Let me help you with your shoes."

(아빠가 신발 신는 거 도와줄게.)

아이 : "Thank you, Daddy!" (고마워요, 아빠!)

아빠 : "You're welcome, my little one." (천만에, 우리 아가.)

## 〈만 5~6세 아이와 대화하기〉

상황. 아이가 생일 선물을 받았을 때

엄마 : "Happy birthday! Here's a gift for you."

(생일 축하해! 여기 선물이야.)

아이 : "Wow, thank you, Mommy! I love it!"

(우와, 고마워요, 엄마! 너무 좋아요!)

엄마 : "I'm so happy you love it. You deserve it!"

(네가 좋아해서 엄마도 기뻐. 네가 받을 자격이 있어!)


상황. 엄마가 아이에게 재미있는 이야기를 읽어줄 때

엄마 : "Would you like to hear a story?" (이야기 듣고 싶어?)

아이 : "Yes, please. Thank you, Mommy!"

(네, 부탁해요. 고마워요, 엄마!)

엄마 : "You're welcome! I love reading to you."

(천만에! 너에게 읽어주는 게 엄마는 너무 좋아.)

### 〈만 7~8세 아이와 대화하기〉

상황. 아이가 학교에서 돌아와 엄마가 준비한 점심을 받을 때

엄마 : "How was school today? I made your favorite lunch!"

(오늘 학교 어땠어? 네가 좋아하는 점심을 준비했어!)

아이 : "It was good! Thank you for making lunch, Mommy."

(좋았어요! 점심 준비해줘서 고마워요, 엄마.)

엄마 : "You're welcome. I'm always happy to make lunch for you."

(천만에. 너를 위해 점심 준비하는 게 엄마는 항상 행복해.)


상황. 아이가 아빠와 함께 프로젝트를 마쳤을 때

아빠 : "We finished the project together! Great job!"

(우리 프로젝트를 같이 끝냈어! 정말 잘했어!)

아이 : "Thanks for helping me, Daddy."

(도와줘서 고마워요, 아빠.)

아빠 : "Anytime, sweetie. I'm proud of how hard you worked."

(언제든지, 아가. 네가 열심히 한 게 정말 자랑스러워.)


이런 대화들을 통해 아이들이 감사의 표현을 자연스럽게 배울 수 있게 도와주도록 하자. 각 나이에 맞게 쉽게 이해하고 표현할 수 있는 상황을 활용하면, 아이들이 감사의 마음을 더 잘 전달할 수 있다.

## 02

# 물어보기의 표현

아이가 영어로 간단한 질문과 대답을 연습할 수 있도록, 3살부터 8살까지의 연령에 맞는 대화를 한국어 해석과 함께 정리해 보았다. 정리된 표현을 소리내 읽어보고, 아이와 대화를 시도해 보자.

**〈만 3~4세 아이와 대화하기〉**

주제. 가장 좋아하는 장난감

부모 : "What's your favorite toy?" (제일 좋아하는 장난감은 뭐야?)

아이 : "My doll!" (내 인형이요!)

부모 : "Do you like playing with your doll?" (인형 가지고 노는 게 좋아?)

아이 : "Yes, I do!" (네, 좋아요!)


주제. 색상

부모 : "What color is this?(pointing to an object)"

(이건 무슨 색이야? (물건을 가리키며))

아이 : "It's blue!" (파란색이요!)

부모 : "That's right! Good job!" (맞았어! 잘했어!)

주제. 간식

부모 : "Do you want some cookies?" (쿠키 먹고 싶어?)

아이 : "Yes, please!" (네, 주세요!)

부모 : "Here you go!" (여기 있어!)

〈만 5~6세 아이와 대화하기〉

주제. 학교

부모 : "How was school today?" (오늘 학교 어땠어?)

아이 : "It was fun!" (재미있었어요!)

부모 : "What did you learn?" (무엇을 배웠어?)

아이 : "We learned about animals." (동물에 대해 배웠어요.)

주제. 날씨

부모 : "Is it sunny outside?" (밖에 해가 떴어?)

아이 : "Yes, it's very sunny!" (네, 아주 맑아요!)

부모 : "Great! Let's go to the park." (좋아! 공원에 가자.)

주제. 감정

부모 : "Are you feeling happy today?" (오늘 기분 좋아?)

아이 : "Yes, I am happy!" (네, 기분 좋아요!)

부모 : "I'm glad you're happy!" (기분 좋다니 엄마도 기뻐!)


## 〈만 7~8세 아이와 대화하기〉

주제. 주말계획

부모 : "What do you want to do this weekend?"

(이번 주말에 뭐 하고 싶어?)

아이 : "I want to go to the zoo!" (동물원에 가고 싶어요!)

부모 : "That sounds like a great idea!" (정말 좋은 생각이야!)


주제. 숙제

부모 : "Do you have any homework today?" (오늘 숙제 있어?)

아이 : "Yes, I have math homework." (네, 수학 숙제가 있어요.)

부모 : "Do you need help with it?" (도움이 필요해?)

아이 : "Yes, please!" (네, 부탁해요!)


주제. 옷 고르기

부모 : "Which shirt do you want to wear today?"

(오늘 어떤 셔츠 입고 싶어?)

아이 : "I want the red one." (빨간색이요.)

부모 : "Good choice! It looks great on you."
(좋은 선택이야! 너랑 정말 잘 어울려.)

이 대화들은 아이들이 일상에서 자주 접하는 상황을 바탕으로 간단한 영어 질문과 대답을 연습할 수 있도록 구성되었다. 아이의 연령에 맞춰 쉽게 접근할 수 있는 표현들로 구성해, 자연스럽게 영어 실력을 키울 수 있다.

## 03

# 아이의 마음을 헤아리는 표현

세 번째는 아이의 마음을 헤아리는 표현을 영어로 해보는 것이다. 아래는 아이와의 영어 대화 연습을 위한 다양한 표현과 한국어 해석이다. 아이가 자연스럽게 영어를 연습하고 부모와의 소통을 통해 언어 능력을 키울 수 있도록 도와줄 수 있는 대화들로 구성해 보았다.

1) 부모 : "How are you feeling today?" (오늘 기분은 어때?)

아이 : "I'm a little tired." (조금 피곤해요.)

부모 : "It's okay to rest when you're tired." (피곤할 땐 쉬어도 돼)

2) 부모 : "Did anything make you happy today?"
(오늘 기쁘게 한 일이 있었어?)

아이 : "I played with my friends." (친구들과 놀았어요.)

부모 : "That sounds like so much fun!" (정말 재미있었겠다!)

3) 부모 : "Are you feeling sad about something?"
(무슨 일 때문에 슬퍼?)

아이 : "Yes, I lost my toy." (장남감을 잃어버렸어요.)

부모 : "I'm sorry that happened. We can look for it together."

(아, 그랬구나. 같이 찾아보자.)


4) 부모 : "What do you want to do today?" (오늘 뭐하고 싶어?)

아이 : "I want to draw." (그림 그리고 싶어요.)

부모 : "That's a great idea! Let's draw together."

(좋은 생각이야! 같이 그리자.)


5) 부모 : "Is there something you're excited about?"

(기대되는 일 있어?)

아이 : "We're going to the park!" (우리가 공원에 가요!)

부모 : "I'm excited too! It's going to be a great time."

(나도 기대돼! 정말 즐거운 시간이 될 거야.)


6) 부모 : "Did anything make you feel scared today?"

(오늘 무서운 일 있었어?)

아이 : "I heard a loud noise." (큰 소리를 들었어요.)

부모 : "It's okay, loud noises can be scary. But I'm here with you."

(그럴 수 있어, 큰 소리는 무서울 수 있지. 하지만 내가 여기 있으니까 괜찮아.)

7) 부모 : "What was your favorite part of today?"

(오늘 가장 좋았던 부분은 뭐야?)

아이 : "When we had ice cream."(우리가 아이스크림 먹었을 때요.)

부모 : "Ice cream is always a special treat!"

(아이스크림은 언제나 특별하지!)


8) 부모 : "Do you need a hug?" (포옹이 필요해?)

아이 : "Yes, please." (네, 부탁해요.)

부모 : "Hugs make everything better, don't they?"

(포옹은 모든 걸 나아지게 해주지, 그렇지?)


9) 부모 : "How was school today?" (오늘 학교는 어땠어?)

아이 : "It was fun. We had art class."

(재미있었어요 미술 수업 했어요)

부모 : "Art class is always fun! What did you make?"

(미술 수업은 언제나 재미있지! 뭘 만들었어?)


10) 부모 : "Are you proud of something you did today?"

(오늘 한 일 중에 자랑스러운 게 있어?)

아이 : "I finished my homework by myself."

(저 혼자 숙제를 다 했어요.)

부모 : "That's awesome! I'm so proud of you too."
(정말 대단하구나! 나도 네가 자랑스러워.)

# 04

# 학습과 일상 대화의 표현

네 번째는 학습과 일상생활에 관한 대화를 영어로 해보는 것이다.

1. 부모 : "What book are you reading now?" (무슨 책 읽고 있어?)
아이 : "It's about animals." (동물에 관한 책이에요.)
부모 : "I'd love to hear about your favorite animal in the book."
(책에서 네가 제일 좋아하는 동물에 대해 들어보고 싶어.)

2. 부모 : "Do you need help with your homework?"
(숙제 도와줄까?)
아이 : "Yes, with the math problems." (네, 수학 문제가 어려워요.)
부모 : "Let's solve them together. You're doing great!"
(같이 풀어보자. 정말 잘하고 있어!)

3. 부모 : "What did you learn at school today?"
(오늘은 학교에서 뭘 배웠어?)
아이 : "We learned about the planets." (행성에 대해 배웠어요.)

부모 : "Wow, which planet do you like the most?"

(와, 어느 행성이 제일 좋아?)


4. 부모 : "Can you tell me about your drawing?"

(네 그림에 대해 말해줄 수 있어?)

아이 : "It's a picture of our family." (우리 가족 그림이에요.)

부모 : "I love it! You did an amazing job." (너무 좋아! 정말 잘했어.)


5. 부모 : "What do you want to be when you grow up?"

(커서 뭐가 되고 싶어?)

아이 : "I want to be a doctor." (의사가 되고 싶어요.)

부모 : "That's a wonderful dream. I know you can do it.

(정말 멋진 꿈이야. 네가 해낼 거라고 믿어.)


6. 부모 : "What's your favorite thing to do on the weekend?"

(주말에 뭘 하는게 제일 좋아?)

아이 : "I like playing outside." (밖에서 노는 게 좋아요.)

부모 : "Playing outside is so much fun. Let's plan a fun weekend!"

(밖에서 노는 건 정말 재미있지. 재미있는 주말을 계획해보자!)


7. 부모 : "What's your favorite food?"

(네가 제일 좋아하는 음식이 뭐야?)

아이 : "I love pizza." (피자를 좋아해요.)

부모 : "Pizza is delicious! Let's have it for dinner sometime."
(피자는 정말 맛있지! 언제 저녁으로 피자를 먹자.)


8. 부모 : "Do you have any questions about your homework?"
(숙제에 대해 궁금한 게 있어?)

아이 : "Yes, about this science question."

(네, 이 과학문제에 대해서요.)

부모 : "Let's go over it together. Science is interesting!"
(같이 살펴보자. 과학은 참 재미있지!)


9. 부모 : "Would you like to read a story before bed?"
(잠자기 전에 이야기 읽고 싶어?)

아이 : "Yes, please!" (네, 부탁해요!)

부모 : "Great! Let's pick one of your favorites."
(좋아! 네가 좋아하는 이야기 중 하나를 골라보자.)


10. 부모 : "What game do you want to play?"
(무슨 게임 하고 싶어?)

아이 : "Let's play hide and seek!" (숨바꼭질 해요!)

부모 : "That sounds like fun. I'll count, and you hide!"
(정말 재미있겠다. 내가 셀 테니까 네가 숨자!)

## 05

# 사회적 상황과 친구 관계의 표현

다섯 번째는 사회적 상황과 친구 관계에 관한 대화를 영어로 하며 아이의 진솔한 마음을 영어로 시도해보도록 유도하는 방법이다.

1. 부모 : "Did you make any new friends today?"
(오늘 새로운 친구 사귀었어?)
아이 : "Yes, I did!" (네, 사귀었어요!)
부모 : "That's wonderful! Making new friends is always exciting."
(정말 잘했어! 새로운 친구를 사귀는 건 항상 신나는 일이야.)


2. 부모 : "How do you feel when you share with others?"
(다른 사람과 함께 나눌 때 기분이 어때?)
아이 : "It makes me happy." (행복해요.)
부모 : "Sharing is a kind thing to do. I'm proud of you."
(함께 나누는 건 착한 행동이야. 네가 자랑스러워.)


3. 부모 : "Did you play with anyone at recess?"

(쉬는 시간에 누구와 놀았어?)

아이 : "Yes, we played tag." (네, 우리 술래잡기 했어요.)

부모 : "Tag is so much fun! Who was the fastest?"
(술래잡기는 정말 재미있지! 누가 제일 빨랐어?)


4. 부모 : "What do you like about your best friend?"
(가장 친한 친구의 어떤 점이 좋아?)

아이 : "They are really funny." (정말 웃겨요.)

부모 : "Having a friend who makes you laugh is the best!"
(너를 웃게 해주는 친구가 있는 건 최고야!)


5. 부모 : "Did you help anyone today?" (오늘 누구를 도와줬어?)

아이 : "I helped my friend with their homework."
(친구의 숙제를 도왔어요.)

부모 : "That's very kind of you. Helping others is important."
(정말 착한 행동이야. 다른 사람을 돕는 건 중요한 일이야.)


6. 부모 : "How do you feel when someone is nice to you?"
(누군가 너에게 친절하게 대해 줄 때 기분이 어때?)

아이 : "It makes me feel good." (기분이 좋아져요.)

부모 : "That's because kindness spreads happiness."

(그건 친절이 행복을 퍼뜨리기 때문이야.)

7. 부모 : "What do you do when you feel angry?"
(화가 날 땐 어떻게 해?)
아이 : "I take deep breaths." (깊게 숨을 쉬어요.)
부모 : "That's a great way to calm down. I'm proud of you for knowing that."
(그건 진정하는 데 좋은 방법이야. 네가 그걸 알고 있어서 자랑스러워.)

8. 부모 : "Did you share your toys today?"
(오늘 네 장난감을 같이 가지고 놀았어?)
아이 : "Yes, with my friend." (네, 친구와 같이 가지고 놀았어요.)
부모 : "Sharing is a great way to show you care about your friends."
(같이 가지고 노는 것은 네가 친구들을 얼마나 생각하는지 보여주는 좋은 방법이야.)

9. 부모 : "How do you cheer up a friend who is sad?"
(슬퍼하는 친구를 어떻게 위로해?)
아이 : "I tell them it's going to be okay."
(괜찮을 거라고 말해줘요.)
부모 : "That's very thoughtful of you. You're a great friend."

(너무 착한 생각이야. 너는 정말 좋은 친구야.)

10. 부모 : "What did you do when you felt scared?"
(무서웠을 때 뭘 했어?)
아이 : "I told the teacher." (선생님께 말씀드렸어요.)
부모 : "That was very brave of you. It's good to ask for help when you're scared." (정말 용감했구나. 무서울 때 도움을 요청하는 건 좋은 일이야.)

이 대화들은 아이가 다양한 상황에서 영어 표현을 자연스럽게 연습할 수 있도록 도와준다. 아이와 함께 대화를 나누며 나의 영어 실력도 키워보자!

## 06

# 심화 학습 : 영어책 활용하기

영어책을 활용하여 심화된 학습을 진행하려면, 아이의 연령대에 맞는 접근 방법을 적용하는 것이 중요하다. 아래와 같이 3세부터 8세까지의 연령대별로 책 속 내용을 질문하며 대화를 유도하고, 감상을 영어로 표현하도록 하는 방법을 준비해 보았다.

### 〈만 3~4세 아이와 대화하기〉

1) 대화 유도하기

- "What do you see on this page?" (이 페이지에서 뭐가 보이나요?)
- "Who is in the picture?" (그림에 누가 있나요?)
- "What is the character doing?" (캐릭터가 무엇을 하고 있나요?)
- "How does the character look?" (캐릭터는 어떤 표정을 하고 있나요?)
- "What do you think the character is feeling?"
(캐릭터가 어떤 기분일 것 같나요?)
- "What did the character learn?" (캐릭터가 무엇을 배웠나요?)
- "What is the story about?" (이 이야기는 무엇에 관한 건가요?)

2) 감상 표현하기

· "Did you like the story?" (이야기가 좋았나요?)

· "What part did you like best?" (어떤 부분이 제일 좋았나요?)

· "Have you seen something like this before?" (이런 걸 본 적이 있나요?)

· "Have you ever felt like the character?"

(캐릭터처럼 느껴본 적이 있나요?)

· "What did the character do to solve the problem?"

(캐릭터가 문제를 해결하기 위해 무엇을 했나요?)

· "What would you do if you were the character?"

(너라면 어떻게 할 것 같나요?)


〈만 5~6세 아이와 대화하기〉

1) 대화 유도하기:

· "Can you tell me what happened in the story?"

(이야기에서 무슨 일이 일어났는지 말해줄 수 있나요?)

· "What was the main problem in the story?"

(이야기에서 주된 문제는 무엇이었나요?)

· "How did the story begin and end?"

(이야기는 어떻게 시작되고 끝났나요?)

· "What do you think motivated the character to act this way?"

(캐릭터가 이렇게 행동하게 된 이유는 무엇이라고 생각하나요?)

· "How did the character change by the end of the story?"
(이야기 끝에 캐릭터는 어떻게 변화했나요?)

· "What lesson do you think the author wanted us to learn?"
(저자가 우리에게 가르치고 싶었던 교훈은 무엇이라고 생각하나요?)

· "How can the lesson from this story be used in real life?"
(이 이야기의 교훈을 실제 생활에서 어떻게 적용할 수 있을까요?)

2) 감상 표현하기:

· "What did you like most about this book?"
(이 책에서 가장 좋았던 부분은 무엇이었나요?)

· "How did the story make you feel?"
(이야기를 읽고 어떤 기분이 들었나요?)

· "Can you relate to any part of the story from your own life?"
(자신의 삶에서 이야기의 어떤 부분과 관련이 있나요?)

· "Have you ever had a similar experience to what happened in the book?"
(책에서 일어난 일과 비슷한 경험을 해본 적이 있나요?)

· "What would you have done if you were in the character's place?"
(캐릭터의 입장이라면 어떻게 했을 것 같나요?)

· "Do you agree with the character's decisions? Why or why not?"
(캐릭터의 결정에 동의하나요? 왜 동의하거나 왜 동의하지 않나요?)

〈만 7~8세 아이와 대화하기〉

1) 대화 유도하기

· "Can you summarize the main events of the story?"
(이야기의 주요 사건들을 요약해줄 수 있나요?)

· "What were the key challenges faced by the characters?"
(캐릭터들이 직면한 주요 도전 과제는 무엇이었나요?)

· "How did the characters overcome their problems?"
(캐릭터들은 문제를 어떻게 극복했나요?)

· "What were the main character's strengths and weaknesses?"
(주인공의 강점과 약점은 무엇이었나요?)

· "How did the relationships between characters affect the story?"
(캐릭터들 간의 관계가 이야기 전개에 어떻게 영향을 미쳤나요?)

· "What do you think the author is trying to teach us through this story?"
(저자가 이 이야기를 통해 우리에게 가르치고 싶었던 것은 무엇이라고 생각하나요?)

· "How can the themes in this book apply to our everyday lives?"
(이 책의 주제가 우리의 일상생활에 어떻게 적용될 수 있을까요?)


2) 감상 표현하기

· "What did you find most interesting or surprising about the book?"
(책에서 가장 흥미롭거나 놀라운 점은 무엇이었나요?)

· "How did the characters' actions and decisions affect the outcome of the story?"

(캐릭터들의 행동과 결정이 이야기의 결말에 어떻게 영향을 미쳤나요?)

· "Can you think of a personal experience that relates to the story?"

(이야기와 관련된 개인적인 경험을 생각해볼 수 있나요?)

· "How would you handle a situation similar to the one faced by the characters?"

(캐릭터들이 겪었던 상황과 비슷한 상황을 어떻게 처리할 것 같나요?)

· "What do you think was the most important decision made by the characters?"

(캐릭터들이 내린 결정 중 가장 중요한 것은 무엇이라고 생각하나요?)

· "If you could change one thing about the story, what would it be and why?"

(이야기에서 한 가지를 바꿀 수 있다면 무엇을 바꾸고 왜 그런 선택을 했을까요?)

이러한 방법을 통해 아이들은 영어책을 읽으면서 더욱 깊이 있는 이해와 표현 능력을 키울 수 있으며, 영어를 자연스럽고 자신감 있게 사용할 수 있다. 영어책에 대한 감상을 표현하는 것은 영어 교육에서 매우 효과적인 방법이다.

## 06

# 심화 학습 : 고급영어 표현

다음은 심화 과정으로 아이들이 배울 수 있는 고급 영어로서의 감사 표현, 인사 표현, 유감의 표현을 준비해 보았다. 이 표현들은 아이들이 예의 바르게 영어로 소통하여 상대방의 반응으로부터 자신감을 얻고, 아이의 동기부여에도 도움이 된다.

1) 감사 표현 (Thank you expressions)

· Thank you very much. (정말 고맙습니다.)

· I really appreciate it. (정말 감사해요.)

· I'm grateful for your help. (도와주셔서 감사합니다.)

· Thank you for your kindness. (친절에 감사합니다.)

· I can't thank you enough. (어떻게 감사드려야 할지 모르겠어요.)

· Thank you for everything. (모든 것에 감사드려요.)

· I appreciate your support. (당신의 지원에 감사드립니다.)

· Thanks a million. (대단히 감사합니다.)

· Thank you for your generosity. (너그러운 마음에 감사드립니다.)

· I am deeply thankful. (깊이 감사합니다.)

2) 인사 표현 (Greeting expressions)

· Good morning. (좋은 아침입니다.)

· Good afternoon. (좋은 오후입니다.)

· Good evening. (좋은 저녁입니다.)

· How do you do? (처음 뵙겠습니다.)

· It's a pleasure to meet you. (만나서 반갑습니다.)

· Nice to see you again. (다시 뵙게 되어 반갑습니다.)

· How have you been? (잘 지내셨나요?)

· It's been a while. (오랜만입니다.)

· Greetings! (안녕하세요!)

· I'm delighted to see you. (만나서 기쁩니다.)

3) 유감의 표현 (Expressions of regret)

· I'm sorry for the inconvenience. (불편을 끼쳐드려 죄송합니다.)

· Please accept my apologies. (제 사과를 받아주세요.)

· I regret any discomfort this may have caused.
(이로 인해 불편을 끼쳤다면 죄송합니다.)

· I'm truly sorry for my mistake.
(제 실수에 대해 진심으로 사과드립니다.)

· I apologize for the misunderstanding. (오해에 대해 사과드립니다.)

· I feel bad about what happened.

(일어난 일에 대해 유감스럽게 생각합니다.)

· I'm sorry to have troubled you. (번거롭게 해서 죄송합니다.)

· Please forgive me for my error. (제 실수를 용서해 주세요.)

· I apologize if I offended you. (기분 상하게 했다면 죄송합니다.)

· I'm sorry for any trouble I caused.
(제가 일으킨 문제에 대해 사과드립니다.)

이러한 표현들을 아이들에게 가르쳐 주면, 아이들이 더 예의 바르고 세련된 방식으로 감사, 인사, 유감의 표현을 할 수 있을 것이다. 아이들이 일상생활에서 이 표현들을 사용하여 자연스럽게 영어를 익히고, 타인 특히, 곁에 있는 영어선생님과의 소통 능력을 향상시키도록 도와주자.

## 07

# 심화 학습 : 전치사 활용

다음은 전치사를 자연스럽게 연습할 수 있도록 하는 대화 표현을 연령별로 구성해 보았다.

### 〈만 3세 아이와 대화하기〉

1. 엄마: "Look at the cat. It's under the table."
(저기 고양이 좀 봐. 테이블 아래에 있어.)
아이: "Under the table?" (테이블 아래에?)

2. 엄마: "The ball is in the box." (공이 상자 안에 있어.)
아이: "In the box." (상자 안에.)

3. 엄마: "Your toy is on the bed." (네 장난감이 침대 위에 있어.)
아이: "On the bed." (침대 위에)

4. 엄마: "Let's sit next to the tree." (나무 옆에 앉자.)
아이: "Next to the tree." (나무 옆에)

5. 엄마: "The dog is behind the chair." (개가 의자 뒤에 있어.)
아이: "Behind the chair?" (의자 뒤에?)

6. 엄마: "Put your shoes by the door." (신발은 문 옆에 놔.)
아이: "By the door." (문 옆에)

7. 엄마: "We are going to the park." (우리는 공원으로 갈거야.)
아이: "To the park!" (공원으로!)

8. 엄마: "Sit on the chair, please." (의자에 앉아 주세요.)
아이: "On the chair." (의자에)

9. 엄마: "The ball rolled under the couch." (공이 소파 아래로 굴러갔어.)
아이: "Under the couch?" (소파 아래로?)

10. 엄마: "Stand between mommy and daddy." (엄마와 아빠 사이에 서.)
아이: "Between mommy and daddy." (엄마와 아빠 사이에)

〈만 4세 아이와 대화하기〉

1. 엄마: "Let's put the book on the shelf." (책을 선반 위에 놓자.)
아이: "On the shelf." (선반 위에)

2. 엄마: "The cat is sleeping next to the lamp."
(고양이가 램프 옆에서 자고 있어)
아이: "Next to the lamp." (램프 옆에서)


3. 엄마: "Draw a circle around the star." (별 주위에 원을 그려.)
아이: "Around the star." (별 주위에)


4. 엄마: "The toy is under the chair." (장난감이 의자 아래에 있어.)
아이: "Under the chair." (의자 아래에)


5. 엄마: "Let's walk through the door." (문을 통해 걸어가자.)
아이: "Through the door." (문을 통해)


6. 엄마: "The bird is above the house." (새가 집 위에 있어.)
아이: "Above the house." (집 위에)


7. 엄마: "Put the hat on your head." (모자를 머리 위에 써.)
아이: "On my head." (머리 위에)


8. 엄마: "The fish is in the tank." (물고기가 어항 안에 있어.)
아이: "In the tank." (어항 안에)

9. 엄마: "Let's jump over the line." (선을 넘어서 점프하자.)
아이: "Over the line." (선을 넘어서)

10. 엄마: "Stand beside me." (내 옆에 서.)
아이: "Beside you." (엄마 옆에)

## 〈만 5세 아이와 대화하기〉

1. 엄마: "Place the apple between the bananas."
(사과를 바나나 사이에 놓아.)
아이: "Between the bananas." (바나나 사이에)

2. 엄마: "The book is beneath the pillow." (책이 베개 아래에 있어.)
아이: "Beneath the pillow." (베개 아래에)

3. 엄마: "Stand in front of the mirror." (거울 앞에 서.)
아이: "In front of the mirror." (거울 앞에)

4. 엄마: "The car is parked beside the tree."
(차가 나무 옆에 주차되어 있어.)
아이: "Beside the tree." (나무 옆에)

5. 엄마: "Let's hide behind the curtain." (커튼 뒤에 숨자.)

아이: "Behind the curtain." (커튼 뒤에)

6. 엄마: "The mouse ran across the floor." (쥐가 바닥을 가로질러 달렸어.)

아이: "Across the floor." (바닥을 가로질러)

7. 엄마: "The airplane is flying over the clouds."
(비행기가 구름 위를 날고 있어.)

아이: "Over the clouds." (구름 위를)

8. 엄마: "Put your hand inside the box." (손을 상자 안에 넣어.)

아이: "Inside the box." (상자 안에)

9. 엄마: "The book fell off the table." (책이 테이블에서 떨어졌어.)

아이: "Off the table." (테이블에서)

10. 엄마: "Sit across from me." (내 맞은 편에 앉아.)

아이: "Across from you." (엄마 맞은 편에)

〈만 6세 아이와 대화하기〉

1. 엄마: "Let's walk along the path." (길을 따라 걷자.)

아이: "Along the path." (길을 따라)


2. 엄마: "The keys are near the phone." (열쇠가 전화기 근처에 있어.)

아이: "Near the phone." (전화기 근처에)


3. 엄마: "The cat jumped onto the bed." (고양이가 침대 위로 뛰었어.)

아이: "Onto the bed." (침대 위로)


4. 엄마: "The river flows under the bridge."

(강이 다리 아래로 흐르고 있어.)

아이: "Under the bridge." (다리 아래로)


5. 엄마: "The picture is above the sofa." (그림이 소파 위에 있어.)

아이: "Above the sofa." (소파 위에)


6. 엄마: "Let's drive through the tunnel." (터널을 통과해서 운전하자.)

아이: "Through the tunnel." (터널을 통과해서)


7. 엄마: "The butterfly landed on the flower." (나비가 꽃 위에 앉았어.)

아이: "On the flower." (꽃 위에)

8. 엄마: "The dog is in front of the house." (개가 집 앞에 있어.)
아이: "In front of the house." (집 앞에)


9. 엄마: "The stars are shining above us." (별이 우리 위에서 빛나고 있어.)
아이: "Above us." (우리 위에서)


10. 엄마: "The bike is against the wall." (자전거가 벽에 기대어 있어.)
아이: "Against the wall." (벽에 기대어)


〈만 7세 아이와 대화하기〉

1. 엄마: "The cat is hiding beneath the blanket."
(고양이가 담요 아래에 숨어 있어.)
아이: "Beneath the blanket." (담요 아래에)


2. 엄마: "Place the lamp beside the couch." (램프를 소파 옆에 놓아.)
아이: "Beside the couch." (소파 옆에)


3. 엄마: "The bird flew over the fence." (새가 울타리를 넘어서 날아갔어.)
아이: "Over the fence." (울타리를 넘어서)


4. 엄마: "Walk across the bridge carefully." (다리를 조심히 건너.)

아이: "Across the bridge." (다리를 건너)


5. 엄마: "Let's put the groceries inside the fridge."
(식료품을 냉장고 안에 넣자.)
아이: "Inside the fridge." (냉장고 안에)


6. 엄마: "The kite is flying above the trees." (연이 나무 위에서 날고 있어.)
아이: "Above the trees." (나무 위에서)


7. 엄마: "Stand next to your brother." (형 옆에 서.)
아이: "Next to my brother." (형 옆에)


8. 엄마: "The pencil rolled under the desk."
(연필이 책상 아래로 굴러갔어.)
아이: "Under the desk." (책상 아래로)


9. 엄마: "Look out the window." (창문 밖을 봐.)
아이: "Out the window." (창문 밖을)


10. 엄마: "The book is between the two lamps."
(책이 두 램프 사이에 있어.)

아이: "Between the two lamps." (두 램프 사이에)

### 〈만 8세 아이와 대화하기〉

3. 엄마: "We need to walk along the beach." (해변을 따라 걸어야 해.)

아이: "Along the beach." (해변을 따라)

4. 엄마: "The cat climbed onto the roof." (고양이가 지붕 위로 올라갔어.)

아이: "Onto the roof." (지붕 위로)

5. 엄마: "The car drove through the gate." (차가 문을 통해 들어갔어.)

아이: "Through the gate." (문을 통해)

6. 엄마: "The airplane flew above the mountains."
(비행기가 산 위를 날았어.)

아이: "Above the mountains." (산 위를)

7. 엄마: "Let's sit under the umbrella." (우산 아래에 앉자.)

아이: "Under the umbrella." (우산 아래)

8. 엄마: "The dog ran across the yard." (개가 마당을 가로 질러 달렸어.)

아이: "Across the yard." (마당을 가로 질러)

9. 엄마: "Stand beside the tree." (나무 옆에 서.)
아이: "Beside the tree." (나무 옆에)


10. 엄마: "The stars are shining above us." (별이 우리 위에서 빛나고 있어.)
아이: "Above us." (우리 위에서)


11. 엄마: "The book is inside the drawer." (책이 서랍 안에 있어.)
아이: "Inside the drawer." (서랍 안에)


12. 엄마: "Place the toy next to the lamp." (장난감을 램프 옆에 놓아.)
아이: "Next to the lamp." (램프 옆에)


이러한 대화를 통해 아이들이 놀이를 하면서 자연스럽게 영어 전치사를 익힐 수 있을 것이다. 전치사 연습은 추후 한국인이 가장 어려워하는 구동사(동사+전치사)를 익히는 기반이 된다.

### 토토리맘의 팁

# 외국인 부모/선생님과 스몰톡

아이 앞에서 다른 문화권의 사람들과 자유롭게 대화하는 모습을 보여주는 것은 아이에게 좋은 교육이 된다. 외국인 부모 및 선생님과 대화할 수 있는 예문을 구성해 보았다. 반복적으로 연습하며 아이 앞에서 보여줄 수 있다면 아이는 영어를 익히는 데 있어서 큰 동기부여를 받게 될 것이다.

〈대화 주제: 인사 및 자기소개〉

1. A: Hi! My name is Sarah. What's your name?

B: Hi, I'm Minji. Nice to meet you, Sarah.

A: Nice to meet you too, Minji. Where are you from?

B: I'm from Korea. How about you?

A: I'm from the United States.

A: 안녕하세요! 제 이름은 Sarah예요. 당신의 이름은 무엇인가요?

B: 안녕하세요, 저는 민지예요. 만나서 반가워요, Sarah.

A: 저도 만나서 반가워요, 민지. 어디서 오셨어요?

B: 저는 한국에서 왔어요. 당신은요?

A: 저는 미국에서 왔어요.

2. A: Good morning! How are you today?

B: Good morning! I'm doing well, thank you. How about you?

A: I'm great, thanks for asking.

A: 좋은 아침이에요! 오늘 어떻게 지내세요?

B: 좋은 아침이에요! 잘 지내고 있어요, 고마워요. 당신은요?

A: 저는 아주 좋아요, 물어봐 주셔서 고마워요.


3. A: Have you been living here long?

B: Yes, I've been here for about two years now.

A: That's nice. Do you like it here?

B: Yes, I do. The community is very welcoming.

A: 여기 오래 사셨나요?

B: 네, 여기 온 지 약 2년 됐어요.

A: 좋네요. 여기 좋아하세요?

B: 네, 좋아요. 이 동네 사람들은 정말 환영해줘요.


〈대화 주제: 아이들 및 교육〉

1. A: How old is your child?

B: My son is five years old. How about yours?

A: My daughter is six.

A: 당신 아이는 몇 살인가요?

B: 제 아들은 다섯 살이에요. 당신 아이는요?

A: 제 딸은 여섯 살이에요.


2. A: Which preschool does your child go to?

B: He goes to Sunshine Preschool. What about your daughter?

A: She attends Happy Kids Preschool.

A: 당신 아이는 어느 유치원에 다니나요?

B: 그는 선샤인 유치원에 다녀요. 당신 딸은요?

A: 그녀는 해피 키즈 유치원에 다녀요.


3. A: Do you like the teachers at the preschool?

B: Yes, they are very caring and professional. How about you?

A: I feel the same way. The teachers are wonderful.

A: 유치원 선생님들 마음에 드세요?

B: 네, 그분들은 매우 배려심이 많고 전문적이에요. 당신은요?

A: 저도 같은 생각이에요. 선생님들이 정말 훌륭하세요.


〈대화 주제: 일상생활 및 취미〉

1. A: What do you usually do on weekends?

B: We often go to the park or visit museums. How about you?

A: We like to go hiking and have picnics.

A: 주말에 보통 무엇을 하시나요?

B: 우리는 종종 공원에 가거나 박물관을 방문해요. 당신은요?

A: 우리는 등산을 가고 소풍을 즐겨요.

2. A: Do you have any hobbies?

B: I enjoy painting and reading books. What about you?

A: I like cooking and gardening.

A: 취미가 있으신가요?

B: 저는 그림 그리기와 책 읽기를 즐겨요. 당신은요?

A: 저는 요리와 정원 가꾸기를 좋아해요.

〈대화 주제: 음식 및 요리〉

1. A: Do you cook often?

B: Yes, I love cooking. Do you have a favorite dish?

A: I love making pasta. How about you?

B: I enjoy making Korean food, especially kimchi.

A: 요리를 자주 하세요?

B: 네, 요리를 사랑해요. 좋아하는 요리가 있나요?

A: 저는 파스타 만드는 것을 좋아해요. 당신은요?

B: 저는 한국 음식, 특히 김치 만들기를 즐겨요.

2. A: Do you like trying new recipes?

B: Absolutely! I love experimenting with different cuisines. How about you?

A: Me too! It's always fun to try something new.

A: 새로운 레시피를 시도하는 걸 좋아하세요?

B: 물론이죠! 다양한 요리를 실험하는 것을 좋아해요. 당신은요?

A: 저도요! 새로운 것을 시도하는 것은 항상 재미있어요.

〈대화 주제: 여행 및 휴가〉

1. A: Do you travel often with your family?

B: Yes, we love exploring new places. How about you?

A: We try to travel at least once a year.

A: 가족과 자주 여행을 가세요?

B: 네, 새로운 곳을 탐험하는 것을 좋아해요. 당신은요?

A: 우리는 적어도 1년에 한 번은 여행을 가려고 해요.


2. A: What's your favorite vacation destination?

B: I love going to the beach. How about you?

A: I enjoy visiting the mountains.

A: 가장 좋아하는 휴가 장소는 어디인가요?

B: 저는 해변에 가는 것을 좋아해요. 당신은요?

A: 저는 산을 방문하는 것을 즐겨요.

⟨대화 주제: 문화 및 전통⟩

1. A: Do you celebrate any special holidays from your country?

B: Yes, we celebrate Chuseok and Lunar New Year. How about you?

A: We celebrate Thanksgiving and Christmas.

A: 나라에서 특별한 명절을 기념하시나요?

B: 네, 우리는 추석과 설날을 기념해요. 당신은요?

A: 우리는 추수감사절과 크리스마스를 기념해요.


2. A: What are some traditions you follow during these holidays?

B: We usually have a big family gathering and eat special foods. How about you?

A: We also have family gatherings and exchange gifts.

A: 이런 명절 동안 따르는 전통이 있나요?

B: 우리는 보통 큰 가족 모임을 가지고 특별한 음식을 먹어요. 당신은요?

A: 우리도 가족 모임을 하고 선물을 주고받아요.


⟨대화 주제: 교육 및 학교⟩

1. A: Are there any after-school activities your child enjoys?

B: Yes, he loves soccer and piano lessons. How about your child?

A: She enjoys ballet and swimming.

A: 아이가 좋아하는 방과 후 활동이 있나요?

B: 네, 그는 축구와 피아노 수업을 좋아해요. 당신 아이는요?

A: 그녀는 발레와 수영을 즐겨요.


2. A: Do you help your child with their homework?

B: Yes, I try to help as much as I can. How about you?

A: Yes, I do. We usually set aside some time every evening for homework.

A: 아이 숙제를 도와주시나요?

B: 네, 가능한 한 많이 도우려고 해요. 당신은요?

A: 네, 저도 도와줘요. 우리는 보통 매일 저녁 숙제하는 시간을 따로 정해요.


〈대화 주제: 건강 및 운동〉

1. A: Do you have any tips for keeping kids healthy?

B: I make sure they eat balanced meals and get plenty of exercise. How about you?

A: I try to limit their screen time and encourage outdoor play.

A: 아이들을 건강하게 유지하는 팁이 있나요?

B: 저는 그들이 균형 잡힌 식사를 하고 충분히 운동하도록 해요. 당신은요?

A: 저는 그들의 화면 시간을 제한하고 야외 놀이를 권장해요.

2. A: Do you go to the gym or exercise regularly?

B: Yes, I try to exercise at least three times a week. How about you?

A: I do yoga at home and take walks in the park.

A: 헬스장에 가거나 규칙적으로 운동하시나요?

B: 네, 최소한 주 3회 운동하려고 해요. 당신은요?

A: 저는 집에서 요가를 하고 공원에서 산책을 해요.

〈대화 주제: 육아 및 생활〉

1. A: Do you have any parenting advice you can share?

B: Patience and consistency are key. How about you?

A: I agree. Also, always listen to your child and show them love and support.

A: 육아 조언 좀 해주실 수 있나요?

B: 인내심과 일관성이 중요해요. 당신은요?

A: 동의해요. 또한, 항상 아이의 말을 듣고 사랑과 지지를 보여주세요.

2. A: How do you handle tantrums with your child?

B: I try to stay calm and help them express their feelings. How about you?

A: I do the same. I also make sure to set clear boundaries and follow through with consequences.

A: 아이가 떼를 쓸 때 어떻게 대처하시나요?

B: 저는 침착하게 있고 그들이 감정을 표현하도록 도와줘요. 당신은요?

A: 저도 그렇게 해요. 또한, 명확한 경계를 설정하고 결과를 확실히 지키려고 해요.

이 대화들은 일상 생활에서 외국인 부모 및 선생님들과 자연스럽게 대화를 나누며, 엄마의 영어 실력을 향상시키는 데 도움이 될 것이다. 그러면서 엄마의 세계 또한 확장되는 경험을 할 수 있다. 실제로 이러한 작은 대화들을 계기로 다양한 나라의 지인들을 집에 초대하고 아이에게도 기억에 남을 좋은 추억을 남길 수 있다.

## 토토리맘의 팁

# 친구와 영어로 대화해보기

또래와 함께 영어를 사용한다면 놀이처럼 지속적으로 흥미를 느낄 수 있다. 내 아이가 다양한 나라의 친구들과 자연스러운 영어 대화를 시도할 수 있도록 아래와 같이 일상에서 아이와 함께 연습하자.

〈대화 주제: 인사 및 자기소개〉

1. A: Hi! My name is Jimin. What's your name?

B: Hi, I'm Emily. Nice to meet you, Jimin.

A: Nice to meet you too, Emily.

A: 안녕! 내 이름은 지민이야. 너 이름이 뭐야?

B: 안녕, 나는 에밀리야. 만나서 반가워, 지민.

A: 나도 만나서 반가워, 에밀리.


2. A: How old are you?

B: I'm seven years old. How about you?

A: I'm six.

A: 너 몇 살이야?

B: 나 일곱 살이야. 너는?

A: 나는 여섯 살이야.


3. A: What grade are you in?

B: I'm in first grade. What about you?

A: I'm in kindergarten.

A: 너 몇 학년이야?

B: 나 1학년이야. 너는?

A: 나는 유치원 다녀.


〈대화 주제: 친구 및 놀이〉

1. A: Do you want to play together?

B: Sure! What do you want to play?

A: How about tag?

A: 같이 놀래?

B: 좋아! 뭐하고 놀까?

A: 술래잡기 어때?


2. A: What's your favorite game?

B: I love playing hide and seek. How about you?

A: I like playing with my dolls.

A: 네가 제일 좋아하는 게임은 뭐야?

B: 나는 숨바꼭질하는 걸 좋아해. 너는?

A: 나는 인형 놀이하는 걸 좋아해.


〈대화 주제: 학교 및 공부〉

4. A: Do you like school?

B: Yes, I do. How about you?

A: Yes, I like it too.

A: 학교 좋아해?

B: 응, 좋아해. 너는?

A: 응, 나도 좋아해.


5. A: What's your favorite subject?

B: I like art. How about you?

A: I like math.

A: 네가 제일 좋아하는 과목은 뭐야?

B: 나는 미술을 좋아해. 너는?

A: 나는 수학을 좋아해.


〈대화 주제: 음식 및 간식〉

1. A: What's your favorite snack?

B: I love chocolate. How about you?

A: I like cookies.

A: 네가 제일 좋아하는 간식은 뭐야?

B: 나는 초콜릿을 좋아해. 너는?

A: 나는 쿠키를 좋아해.


2. A: Do you like pizza?

B: Yes, I do. What's your favorite topping?

A: I like cheese. How about you?

B: I like pepperoni.

A: 피자 좋아해?

B: 응, 좋아해. 네가 제일 좋아하는 토핑은 뭐야?

A: 나는 치즈를 좋아해. 너는?

B: 나는 페퍼로니를 좋아해.


〈대화 주제: 취미 및 여가〉

1. A: Do you like to draw?

B: Yes, I love drawing. What about you?

A: I like drawing too. Let's draw together!

A: 그림 그리는 거 좋아해?

B: 응, 나는 그림 그리는 걸 좋아해. 너는?

A: 나도 그림 그리는 거 좋아해. 같이 그리자!

2. A: Do you play any sports?

B: Yes, I play soccer. How about you?

A: I play basketball.

A: 스포츠 해?

B: 응, 나 축구해. 너는?

A: 나는 농구해.

〈대화 주제: 가족 및 친구〉

1. A: Do you have any brothers or sisters?

B: Yes, I have a younger sister. How about you?

A: I have an older brother.

A: 형제자매 있어?

B: 응, 여동생이 있어. 너는?

A: 나는 형이 있어.

2. A: Who's your best friend?

B: My best friend is Lily. How about you?

A: My best friend is Mina.

A: 너의 가장 친한 친구는 누구야?

B: 나의 가장 친한 친구는 릴리야. 너는?

A: 나의 가장 친한 친구는 미나야.

⟨대화 주제: 동물 및 자연⟩

1. A: Do you have any pets?

B: Yes, I have a dog. How about you?

A: I have a cat.

A: 애완동물 있어?

B: 응, 나는 강아지가 있어. 너는?

A: 나는 고양이가 있어.


2. A: What's your favorite animal?

B: I love pandas. How about you?

A: I like elephants.

A: 네가 제일 좋아하는 동물은 뭐야?

B: 나는 판다를 좋아해. 너는?

A: 나는 코끼리를 좋아해.


⟨대화 주제: 날씨 및 계절⟩

1. A: What's your favorite season?

B: I like summer. How about you?

A: I like winter.

A: 네가 제일 좋아하는 계절은 뭐야?

B: 나는 여름을 좋아해. 너는?

A: 나는 겨울을 좋아해.


2. A: Do you like rainy days?

B: Yes, I like jumping in puddles. How about you?

A: I like staying inside and reading books.

A: 비 오는 날 좋아해?

B: 응, 나는 웅덩이에서 뛰는 걸 좋아해. 너는?

A: 나는 집 안에서 책 읽는 걸 좋아해.


⟨대화 주제: 여행 및 장소⟩

1. A: Have you ever been to the zoo?

B: Yes, I have. I saw a lot of animals. How about you?

A: Yes, I went last month. It was fun.

A: 동물원에 가본 적 있어?

B: 응, 가봤어. 많은 동물들을 봤어. 너는?

A: 응, 지난달에 갔어. 재미있었어.


2. A: Where do you like to go on weekends?

B: I like going to the park. How about you?

A: I like going to the playground.

A: 주말에 어디 가는 걸 좋아해?

B: 나는 공원에 가는 걸 좋아해. 너는?

A: 나는 놀이터에 가는 걸 좋아해.

〈대화 주제: 상상 및 꿈〉

1. A: What do you want to be when you grow up?

B: I want to be a doctor. How about you?

A: I want to be a teacher.

A: 너는 커서 뭐가 되고 싶어?

B: 나는 의사가 되고 싶어. 너는?

A: 나는 선생님이 되고 싶어.


2. A: If you could have any superpower, what would it be?

B: I would want to fly. How about you?

A: I would want to be invisible.

A: 만약 어떤 초능력이든 가질 수 있다면, 무엇을 원해?

B: 나는 날고 싶어. 너는?

A: 나는 투명해지고 싶어.

# 성장과 연결의 여정

이 책을 마무리하며, 여러분과 아이가 함께 걸어온 여정을 떠올려 본다. 언어를 배운다는 것은 단순히 단어를 외우고 문법을 익히는 일이 아니다. 그것은 새로운 세상을 만나고, 다른 사람들과 연결되며, 자신을 더 잘 표현할 수 있는 능력을 키우는 과정이다. 이 책은 그 여정을 돕기 위해 만들어졌고, 여러분이 아이와 함께 이 시간을 의미 있게 보내길 바라는 마음으로 채워졌다.

아이와 함께 이 책을 읽고 활동하며 웃는 순간, 때로는 시행착오를 겪으며 좌절하는 순간, 그리고 작은 성취를 이루며 기뻐하는 순간이 모두 소중한 기억으로 남을 것이다. 이 모든 과정이 아이에게는 배움과 성장의 밑거름이 되고, 부모님에게는 아이와 함께 시간을 보내며 관계를 더욱 깊게 만드는 계기가 될 것이라고 믿는다.

언어를 배우는 여정은 마라톤과 같다. 눈에 띄는 변화가 없다고 느껴질 때도 있지만, 아이가 어느 순간 자연스럽게 영어 단어를 말하거나 문장을 구성하는 모습을 보며 그동안의 노력이 결코 헛되지 않았음을 깨닫게 된다. 아이가 "Hello!"라고 자신 있게 인사하거나, 영어로 간단한 대화를 이어 나가는 모습은 분명히 축하할 만한 일이다. 이런 작은 성취들은 단순히 언어 실력을 키우는 것을 넘어 아이의 자신감을 쌓아주는 중요한 과정이다.

책 속의 다양한 대화, 게임, 활동을 통해 아이는 영어를 학습 대상이 아니라 자연스럽게 익혀야 할 도구로 받아들이게 될 것이다. 이를 통해 아이는 학습에 대한 부담을 덜고, 영어와 더욱 친해질 것이다.

이제부터가 새로운 시작이다. 이 책을 통해 놀이 영어와 일상에서 활용할 수 있는 영어 표현의 기초를 다지고, 아이가 더 많은 경험과 도전을 할 수 있도록 도와주는 것이 중요하다. 무엇보다도 일상에서 영어를 사용하는 기회를 만들어 주어야 한다. 이 책에서 제시하듯 간단한 인사말을 영어로 나누고, 좋아하는 애니메이션이나 영화를 영어로 꾸준히 시청하는 것은 가정에서 해줄 수 있는 좋은 방법이다. 또한, 노래를 함께 따라 부르며 발음을 익히고, 책에 수록된 표현들로 아이와 꾸준히 대화를 나누는 등 자연스럽게 영어를 접할 수 있는 환경을 만들어 주는 것이 중요하다. 영어는 학습의 대상이기도 하지만, 결국 의사소통을 위한 도구다. 아이가 영어를 통해 세상과 연결될 수 있도록 부모로서 적절한 지원을 해주는 것이 앞으로의 방향이 될 것이다.

이 책은 부모와 아이가 함께하는 첫걸음을 위한 안내서다. 아이의 영어 학습은 이 한 권의 책으로 끝나는 것이 아니다. 이제부터는 이 책에서 배운 내용을 바탕으로, 아이와 함께 더 넓은 세상을 탐험할 수 있는 가능성을 열어갈 시간이다. 새로운 목표를 세우고, 아이가 흥미를 느끼는 활동으로 영어를 즐길 수 있도록 이끌어 주는 것도 좋다.

가장 중요한 것은 아이가 영어를 두려워하지 않고, 자신감과 흥미를 가지고 접근할 수 있도록 격려하는 것이다. 언어는 단순히 학문이 아니라, 세상과의 연결을 만들어 주는 도구다. 이 과정을 통해 아이가 더 큰 꿈을 꾸고, 새로운 도전과 기회를 마주할 수 있기를 바란다.

부모님 역시 이 과정을 통해 많은 것을 배울 것이다. 아이와 함께하는 시간은 단순히 학습의 순간이 아니라, 관계를 깊이 있게 만들어가는 시간이다. 아이가 성장하는 모습을 보며 때로는 기쁨을 느끼고, 때로는 어려움을 마주하며 자신도 성장할 것이다. 이러한 부모님의 노력과 사랑이 아이의 마음속에 깊은 울림으로 남아, 앞으로도 아이가 더 큰 세상으로 나아가는 데 든든한 기반이 될 것이다.

여러분과 아이의 여정에 응원의 마음을 보낸다. 모든 노력은 값진 결과로 돌아올 것이다. 아이의 성장과 가능성을 믿으며, 영어를 통해 더 넓은 세상과 연결되는 아름다운 여정을 이어가길 진심으로 바란다.

초판 1쇄 발행 : 2025년 3월 24일

지은이  토토리맘(이주현)
펴낸이  조성은

펴낸곳  시시담시시청
출판등록 제2023-000080호
전자메일 sisidamsisichung@naver.com
ISBN 979-11-985113-7-9(03370)

이 책의 판권은 지은이와의 계약으로 시시담시시청에 있습니다.
저작권법에 의해 보호를 받는 저작물이므로 무단 복제와 전재를 금합니다.
잘못 인쇄된 책은 구입처에서 바꾸어 드립니다.